Pius Zingerle

Apocalypse des Apostels Paulus 1871

IV. Band

Pius Zingerle

Apocalypse des Apostels Paulus 1871
IV. Band

ISBN/EAN: 9783744614603

Hergestellt in Europa, USA, Kanada, Australien, Japan

Cover: Foto ©Lupo / pixelio.de

Weitere Bücher finden Sie auf **www.hansebooks.com**

VIERTELJAHRSSCHRIFT

FÜR

DEUTSCH- UND ENGLISCH-THEOLOGISCHE

FORSCHUNG UND KRITIK.

HERAUSGEGEBEN VON

DR. M. HEIDENHEIM.

IV. BAND.

ZÜRICH,
S. HÖHR.
LONDON: WILLIAMS & NORGATE.
1871.

INHALT.

I. Abhandlungen.

III. Kritik.

I.

Die Apocalypse des Apostels Paulus. *)

Aus einer syrischen Handschrift des Vaticans übersetzt

von

Dr. **P. Zingerle** in Marienberg.

Einleitende Bemerkungen.

Den syrischen Text dieser apokryphischen Apokalypse Pauli habe ich aus dem Cod. Vatic. Syriac. No. 180 abgeschrieben. Entschuldigen muss ich mich, dass ich aus Neugierde, den Inhalt kennen zu lernen, völlig vergessen habe, die Beschreibung des Codex zu beachten; ich tröste mich aber damit, dass für das Verständniss des Inhalts eine solche Beschreibung nichts beiträgt, die Leser also desshalb keinen Schaden leiden.

Als Zeit der Abfassung wird gewöhnlich das Ende des 4. Jahrh. angenommen; da unter den Verdammten aber ausdrücklich auch jene aufgeführt werden, welche Maria nicht als Gottesgebärerin betrachteten, könnte man daraus den Schluss ziehen, dass die Schrift erst nach dem Beginne des Nestorianismus um die Mitte des 5. Jahrh. ans Licht getreten sei.

Der syrische Text ist im Verhältniss zum griechischen mitunter ziemlich erweitert. Die Schrift ist übrigens nicht ohne Phantasie verfasst, und man möchte sie wohl eine Art Divina Comoedia im Kleinen nennen. Anknüpfend an die Stelle 12, 2 im 2. Corintherbrief Pauli führt der Verfasser die Leser in den Himmel und die Hölle, wie im 12. Jahrh. der Mönch Alberich von Monte Cassino, dessen Vision Dante vielleicht

---

*) Als mir diese Handschrift im Jahre 1864 in die Hände fiel und andere Arbeiten in der Vaticana mich zu sehr in Anspruch nahmen, war Herr Dr. Zingerle so gefällig, dieselbe abzuschreiben. Es war damals mein Wunsch, den Text mit Uebersetzung später herauszugeben; da jedoch hiezu bis jetzt die Zeit mangelte, so war Herr Dr. Zingerle so freundlich, die Uebersetzung anzufertigen. D. H.

gekannt hat. — Es finden sich darin Stellen nicht ohne Moment für
Erbauung, wie die vom Hinscheiden der Guten und Bösen; ernste,
furchterregende Scenen wechseln mit lichten heitern Aussichten in eine
Sphäre ewiger Seligkeit und Wonne. An Geschmacklosigkeiten fehlt es
allerdings nicht; die Darstellung leidet im Ganzen an Einförmigkeit und
Unfruchtbarkeit der Phantasie.

In der Uebersetzung habe ich mich treu an meine syrische Abschrift
gehalten. Zur Vergleichung mit dem syrischen Texte, nach welchem
die englische Uebersetzung in dem Werke *Apocalypses Apocryphae ...*
edidit Tischendorf von S. 33 an verfasst ist. Die genauere Zusammen-
stellung mit dem in jener Sammlung enthaltenen griechischen Texte
mögen sprachkundige Leser, die sich dafür interessiren; selbst vor-
nehmen. Für den Zweck dieser Blätter wäre eine durchgängige Vergleichung zu weitläufig. Im Allgemeinen ist darüber zu bemerken, dass
der syrische Text eine freie Bearbeitung, zuweilen auch Ergänzung des
Griechischen bietet. Mitunter fehlt aber manches im Syrischen, was im
Griechischen sich findet, wie S. 62 Tischendorf S. 42. Die englische
Uebersetzung ist von Perkins, Missionär in Urumiah, 1864.

Möge die Bekanntmachung dieser Arbeit nicht ohne Interesse sein
und wohlwollend aufgenommen werden!

Wundervolle Offenbarung
des
göttlichen Apostels Paulus.

Mit Gottes Hülfe schreibe ich nun die wundervolle
Offenbarung des göttlichen Apostels Paulus. Unser Herr,
stehe mir bei und führe mich zur Vollendung! Amen.

Es kam über mich das Wort des Herrn und sprach im
Anfange: Geh' hin und sage zur Welt*) der Erde: Wie
lange sündigt ihr und häufet Sünden auf Sünden und reizet
zum Zorne durch euch selbst**), indem ihr sprecht: »Wir
sind Kinder des lebendigen Gottes«, aber Satans Werke
verübt und im (vermessenen) Vertrauen auf Gott wandelt

---

*) Zu den weltlich gesinnten Bewohnern. Der griechische Text hat:
zu diesem Volke.

**) Deutlicher das Griechische: Und reizet Gott, der euch gemacht,
zum Zorne.

und seine Gebote verachtet? Wisset und seht! Alle Wesen und alle Geschöpfe sind dem lebendigen Gott unterworfen, die Menschen aber haben die Herrschaft und Gewalt über alle Geschöpfe. Es tritt jedoch dort*) ihr Gebieter, die Sonne des Vaters, klagend vor Gott über alle Geschöpfe und Menschen und spricht: »Herr, gewaltiger Gott, Allmächtiger und Allherrscher, wie lange schaust**) du, o Herr, die Bosheit der Menschen, Hurerei [1]) und Ehbruch und Mord und Dieberei und Unterdrückung und Ungerechtigkeit und alle die Missethaten der Menschen? Gestatte mir, Herr, dass ich an ihnen Rache nehme und sie durch Flammenglut vernichte und ihnen deine Macht kund thue, auf dass sie wissen, dass du Gott Vater allein bist!«

Und es kam eine Stimme zu ihm dem Gebieter, d. i. zu der Sonne [2]), die da sagte: »Ich habe Alles gehört und ge-. sehen, und weiss es und nichts ist mir verborgen: denn meine Augen sehen und meine Ohren hören; allein meine Güte und Langmuth erträgt sie (harrend), ob sie etwa sich bekehren und Busse thun, so dass ihnen ihre Sünden nachgelassen werden können. Kommen sie aber nicht bekehrt zu mir, so richte ich sie mit gerechtem Gericht und vergelte Jedem nach seinen Werken.«

Ferner traten der Mond und der ganze Sternenkreis klagend vor Gott und sprachen: »Herr, allmächtiger Gott! Du allein weisst Alles, was geschieht und was die Menschen begehen: Ehebruch, Todtschlag und Blutvergiessen, und du beachtest diess Alles nicht! Erlaube mir, Herr, dass ich an ihnen Rache nehme, wie sie es verdienen, und ihnen deine Macht kund thue, auf dass sie wissen, dass du Gott der wahre Vater allein bist!«

Und sieh, Gottes Stimme kam zu ihnen, sprechend: »Alles weiss ich, und Nichts ist mir unbekannt und verborgen vor mir; allein in meiner Güte und Langmuth ertrage

---

*) Jenseits, im Himmel, vor Gottes Thron. Die Sonne wird Gebieter genannt, weil sie von Gott geschaffen ist, den Tag zu beherrschen.

**) Siehst zu, ohne zu strafen.

ich sie, damit sie sich bekehren. Kommen sie aber nicht bekehrt zu mir, so richte ich sie mit gerechtem Gericht und vergelte Jedem nach seinen Werken. Wie oft schrieen Meere und Flüsse zu mir, indem sie sagten: »Herr, allmächtiger Gott! Die Menschen haben deinen heiligen Namen durch ihre Werke zum Zorne gereizt, durch ihre Zauberei und Hurerei und Lügenhaftigkeit und schlechten Sitten und ihre Verirrung. Gestatte mir*), Herr, dass ich mich erhebe und die Erde und die ganze Schöpfung bedecke und den Menschen kund und zu wissen mache, dass du allein Herr bist! Es kam aber eine Stimme zu ihnen, die sprach: »Ich weiss Alles und Nichts ist verborgen vor meinen Augen; allein in meiner Güte und Langmuth ertrage ich sie, ob sie etwa sich bekehren. Kommen sie aber nicht bekehrt zu mir, so richte ich sie mit gerechtem Gericht und vergelte Jedem nach seinen Werken.«

Ferner schrie auch die Erde zu Gott und sprach: »Herr, allmächtiger Gott! Ich bin vor allen Geschöpfen bedrängt und trage die Sünden der Menschen, ihre Ehebrecherei und Hurerei und Ungerechtigkeit und Mordsucht und alle ihre Bosheit, die sie begehen, und ihre Wahrsagerei und Zauberei, wie der Vater gegen seinen Sohn aufsteht und ihn tödtet, und der Sohn gegen seinen Vater und der Bruder gegen seinen Bruder aufsteht und dessen Bett befleckt, und wie gleichfalls der Nächste an seinem Nächsten Unrecht verübt. Ebenso (werde ich bedrängt) auch von Jenen, die deinen heiligen Namen anrufen[3], von Jenen, die da Priester genannt werden und deinem heiligen Namen beständig Opfer darbringen. Auch diese wandeln in Falschheit, und desshalb leide ich vor allen Geschöpfen Unrecht und spende ihnen (den Menschen) wider Willen Früchte. Gestatte mir, unser Herr, ihre Früchte zu Grunde zu richten, damit sie nicht zum Dasein gelangen[4], auf dass sie (die Menschen nämlich) deine Grösse erkennen, wenn sie ge-

---

*) Das Meer als redend gedacht.

züchtigt werden!« Und es kam eine Stimme zu ihnen *),
die da sprach: »Meine Augen sehen Alles und mir bleibt
Nichts verborgen. Ich ertrage sie in meiner Langmuth und
züchtige sie [5]) in meiner Güte, ob sie etwa sich bekehren,
damit ihnen ihre Sünden nachgelassen werden; allein wenn
sie nicht bekehrt zu mir kommen, so richte ich sie mit
gerechtem Gericht und vergelte Jedem nach seinen Werken.«

Schauet aber und achtet darauf, o Menschen! schauet
und achtet auf dieses! Was immer Gott geschaffen hat,
gehorcht ihm[6]), die Menschen jedoch vergessen ihn. Deswegen
gebührt es sich nicht, dass wir seine Langmuth verachten,
o Sünder![7])

Und siehe[8]): Gottes Stimme kam zu ihnen **), sprechend:
»Lasset nicht ab, ihnen (d. i. den Menschen) zu dienen, ob
sie etwa sich bekehren! Wenn sie sich aber nicht bekehren
und zu mir kommen, so richte ich sie mit gerechtem Gerichte.«

Darauf sah ich ***) einen von den Engeln †) an meiner
Seite, und er riss mich im Geiste dahin und versetzte mich
in den dritten Theil des Himmels, das ist, in den dritten
Himmel. ††) Dann begann dieser Engel und sagte zu mir:
»Komm mir nach, o Paulus! Ich will dir nämlich †††) den
Ort der Heiligen zeigen, damit du wissest, wohin sie
kommen, wenn sie von der Welt hinscheiden. Hernach
aber will ich dich hinab in den Abgrund führen und dir
die Seelen der Sünder zeigen, wohin sie nämlich nach der
Auferstehung gebracht werden, und du wirst dann, o Paulus,
wissen, was ihre Vergeltung ist.«

---

*) Den Menschen, anstatt »zu ihr«, der klagenden Erde, wie
die englische Uebersetzung hat: unto it.

**) Der Sonne nämlich, dem Mond u. s. w.

***) Der Apostel Paulus.

†) Wörtlich: Geistigen, Geisterwesen.

††) 2. Corinther* 12, 2. 4.

†††) Will man die syrische Partikel ٦ als zweckanzeigend nehmen,
so kann man auch übersetzen: »auf dass ich dir zeige.« So die englische
Uebersetzung bei Tischendorf: »that I may etc.«

Ich folgte dem Engel, der mir diess Alles gesagt hatte, und er hob mich empor, und ich schaute aufs Firmament des Himmels. Ich sah, wie dort die Gewaltigen*) sind, die auf der Welt waren; und es ist dort der Geist des Irrthums, der das Herz des Menschen von Gott ab irreführt. Alle diese bösen Geister der Verleumdung aber und der Hurerei und der Geldliebe (Habsucht) und alle jene, in denen sie (die Menschen) gewandelt waren**), versammelte er***) zum Zeugnisse, sowie alle jene bösen Geister, die unter dem Himmel sind. Ich sah dort auch Engel ohne Erbarmen mit Angesichtern voll Grimm, denen alle Zähne über ihren Mund hervorstanden; ihre Augen leuchteten wie Blitze, ihr Haupthaar war mächtig und sehr stark, wie Feuerflamme ging es aus ihrem Munde. Und ich fragte den Engel, der bei mir war, und sprach zu ihm: »Wer sind diese da, o Herr?« Er antwortete mir: »Das sind die Engel ohne Erbarmen, die nach den Seelen der Sünder und Ruchlosen geschickt werden, welche vor ihrem Hinscheiden aus der Welt nicht Busse gethan haben, weil sie an Gott nicht glaubten und auf sein Heil nicht hofften, dass er †) ihnen Helfer sein werde.«

Ich schaute wieder und erblickte oben in den Höhen andere Engel, deren Angesichter wie die Sonne leuchteten und deren Lenden mit Gürteln wie von Gold und Hyazinth [9]) (Sapphir) umschlungen waren. In ihren Händen hielten sie Kronen, und an ihnen [10]) war Gottes Siegel. Sie selbst waren auch bezeichnet ††) und mit Gewändern bekleidet, auf denen

---

*) Wohl mit Rücksicht auf die Stelle Ephes. 6, 12.

**) Denen sie in ihrem Lebenswandel gefolgt.

***) Der Engel? Da das Verbum »cnasch« hie und da »sich sammeln« bedeutet, lässt es sich auch übersetzen »versammelten sich.« Es ist bekannt, dass in Handschriften das Vau oder Jod des Plurals oft fehlt, und die hier stehende Form des Singulars hindert daher diese Uebersetzung nicht.

†) Oder das Heil, die Erlösung. Das syrische Nomen פורקנא ist gen. masc.

††) Vergl. Offenb. Joh. 7, 4 und 14, 1.

der Name des lebendigen Gottes geschrieben war. In Demuth
und Liebe waren sie mit einander vereint. Da fragte ich
den Engel an meiner Seite: »Wer sind wohl diese, o Herr?«
Und er sagte zu mir: »Diess sind die Engel der Gerechtigkeit, die nach den Seelen der Gerechten geschickt werden.«
Darauf erwiederte ich: »Ist dieses der Weg eines Jeden zu
Gott?« Und er entgegnete mir [11]): »Wir sind mit den Gerechten, sind hilfeleistende Engel, und ihnen (den Gerechten) droht keine Erschütterung*), und sie fürchten sich
nicht, wenn diese**) ihnen entgegenkommen und sie vor den
Thron Gottes hinbegleiten.« Dann sagte ich zum Engel,
der in ***) mir redete: »Lässest du, o Herr, mich nicht sehen,
wie die Seelen der Gerechten aus dieser Welt hinscheiden?«
Und er antwortete mir: »Komm, Paulus, und ich will es
dir zeigen.«[12]) Dann schaute ich und sah die ganze Erde und
die Geschöpfe auf ihr waren wie Nichts, und ich sah die
Menschen vorüberziehen wie Nichts, als wenn sie nicht
wären, und wären Nichts. Und ich sprach: »Ist das die
Schöpfung, und sind das die Menschen, und die Welt ist
so gross?«[13]) Der Engel aber erwiederte mir: »Das sind die
Sünder, die vom Morgen bis zum Abend sündigen.«

Dann schaut' ich und sah wie eine finstre Feuerwolke[14])
über die Erde ausgebreitet, und sagte zum Engel, der bei
mir war: »Was ist diess, o Herr?« Und er entgegnete mir:
»Diess ist die mit dem Gebete der Menschen vermischte Bosheit, wenn sie nämlich Gebete hersagen, während sie in
ihrem Herzen Böses aussinnen, und so wird das Licht ihres
Gebetes verfinstert.«

Da seufzte ich Paulus und brach in Thränen aus und
sagte dann zu ihm: »Gewährst du mir, o Herr, nicht zu
sehen, auf welche Art und Weise die Seelen der Gerechten
und Sünder aus dieser Welt scheiden?« Und er antwortete

---

*) Oder »schreckende Aufregung«, commotio, perturbatio. Die
englische Uebersetzung hat fright.

**) Die oben beschriebenen Schutzengel.

***) Zu mir, wie Zachar. 1, 9. Habak. 2, 1.

mir: »Blicke hinab, o Paulus, und schaue, was du ver-
langst!« Und ich schaute, und sah einen Menschen dem
Tode nahe daliegen, und der Engel sprach zu mir: »Der
da ist tugendhaft und gerecht in allen seinen Handlungen.«
Und ich sah nun, dass alle seine Werke, die er um Gottes
willen gethan, in der Stunde seines Hinscheidens aus der
Welt vor ihm standen. So sah ich Paulus ein, dass der
jetzt Sterbende gerecht war und Ruhe fand, ehe er noch
gestorben. Und es trat der Engel der Barmherzigkeit zu
ihm.[15]) Die Engel der Bösen aber können, wenn ein Gerechter
hinscheidet, ihm nicht nahen. Jene Engel (der Barmherzigkeit nämlich) bemächtigten sich des erwähnten Gerechten
und führten seine Seele im Frieden liebkosend fort. Hernach aber führten sie dieselbe wieder zu ihm zurück, indem
sie einladend zu ihr sagten: »O Seele, wisse, dass du in
diesen deinen Leib, o heilige! bei der Auferstehung zurückkehren und mit allen Heiligen die Verheissungen des lebendigen Gottes erlangen wirst.« Als sie dann die Seele vom
Leibe wegführten, begrüssten sie dieselbe als solche, die
mit ihnen gewandelt[16]), und ergötzten sich mit ihr in Liebe,
indem sie zu ihr sprachen: »Heil dir, o gebenedeite Seele,
weil*) du täglich den Willen Gottes gethan! Nun ergötzest
du dich aber in Wonnen.« Und jener Engel, der sie im
Leben leitete, kam ihr entgegen und redete sie an: »O
meine Seele, fasse Muth und erfreue dich! Ich freue mich
über dich, weil du alle Tage deines Lebens den Willen
unsers Herrn gethan hast. Ich brachte deine Werke Tag
und Nacht vor Gott.«

Ich (Paulus) aber wandte mich und sagte zu meiner
Seele: »Fürchte dich nicht! Ich hab' es nun gesehen.«[17])
Dieser Geist ward von der Erde erhoben, um in den Himmel
emporzusteigen. Ihm entgegen zogen aber auch die bösen
Gewalten, die unter dem Himmel sind, und es kam zu ihm
der Geist des Irrthums und sprach zu ihm: »Wohin wagst

---

*) Oder relativisch: »die du u. s. f., wie der englische Uebersetzer hat.

du dich vermessen, o Seele, und läufst, um in den Himmel einzugehen? Warte, damit wir schauen, ob an dir etwas von unserm Wesen ist, auf dass wir es dort bekannt machen.« [18]) Die Seele ward also dort gebunden, und es entstand ein grosser Kampf zwischen den guten und bösen Engeln. Als diess jener Geist des Irrthums sah, so heulte er laut auf und sprach: »Weh' über dich! Wir haben an dir nichts von unsern Dingen gefunden; alle Engel und Geister stehen dir gegen mich bei, sie alle sind auf deiner Seite, und du entkommst uns.«

Da ging ein anderer Geist· aus, der Geist der Verleumdung [19]) und der Hurerei, und kam ihm*) entgegen. Als er aber derselben ansichtig ward, weinten sie ihm entgegen und sagten: »Wie ist diese Seele uns entronnen und hat Gottes Willen auf Erden gethan? Nun helfen ihr die Engel und führen sie von uns weg.«

Darauf gingen alle bösen Gewalten und Geister der Seele entgegen und auf sie zu, fanden jedoch an ihr Nichts vom Ihrigen und vermochten daher nicht ihr etwas anzuhaben. Da knirschten sie mit den Zähnen gegen diese Seele und sprachen: »Wie bist du uns entronnen?« Und der Engel, welcher sie führte [20]), antwortete und sprach: »Weichet beschämt von hinnen! Ihr kommt ihr nicht zu. Ihr Arglistigen habt sie schon, da sie noch auf Erden weilte, viel versucht; sie hat euch aber nicht Gehör gegeben.«

Hernach vernahm ich die Stimme von Myriaden der Myriaden heiliger Engel [21]), die da sagten: »Freue dich und frohlocke, o Seele, fasse Muth und fürchte dich nicht!« Und sie erstaunten gar sehr über diese Seele, die das Siegel des lebendigen Gottes an sich trug, und ermuthigten sie so und priesen sie selig und sprachen: »Wir alle erfreuen uns über dich, weil du den Willen deines Herrn gethan.« Dann führten sie sie in festlichem Zuge fort und stellten sie vor den Thron des lebendigen Gottes, indem sie alle über sie sich erfreuten und sie geleiteten.

---

*) Dem abgeschiedenen Geiste, oder ihr, der Seele.

Nun aber ward eine grosse Stille, und hernach herrschte eine geraume Zeit Schweigen, indem die Engel mit jener Seele anbetend vor dem Schemel der Füsse des lebendigen Gottes lagen. Darauf begann der Engel, welcher der Seele Führer war, und sagte: »Herr, barmherziger und gnädiger Gott, erinnere dich dieser Seele und vergiss sie nicht, und thu' an ihr nach der Menge deiner Erbarmungen und nach deinen gerechten Gerichten!« Und eine Stimme ward gehört, die da sprach: »Er ist gerecht.« Der Geist des Herrn aber, der in ihrem Leben sie leitete, sagte: »Ich bin der Geist des Lebens, der in ihr wohnte, und ich fand sie sanftmüthig. Thu' an ihr, o Herr, nach deinen gerechten Gerichten!« Da ward eine Stimme vernommen, die da sprach: »Gleichwie sie euch [22]) nicht betrübt hat, betrüben auch wir sie nicht, und gleichwie sie Barmherzigkeit geübt, soll auch über sie Barmherzigkeit kommen.«

Sie übergaben *) sie dann Michael, dem Engelfürsten, der vor dem Thore des Lebens steht [23]), und er befahl, sie ins Paradies zu bringen (mit den Worten), auf dass sie dort bis zu dem Zeitpunkte **) bleibe, »an dem du bei der Auferstehung in deinen Körper zurückkehrst und dich mit ihm in Seligkeit und ewigen Wonnen mit den Heiligen erfreuest!« [24])

Darauf hörte ich eine Stimme, die sagte: »Gerecht bist du, o Herr, und gerecht sind deine Gerichte, und bei dir findet keine Menschenrücksicht statt.« Hernach vernahm ich die Stimme [25]) von Myriaden der Myriaden Engel, die da Loblieder sangen, und Seraphim, die das dreimal Heilig riefen, und ich erblickte 29 Aelteste, die Gott priesen und verherrlichten, sprechend: »Gerecht bist du, Herr, und sehr gerecht sind deine Gerichte, und bei dir findet keine Menschenrücksicht Statt, und du vergiltst Jedem nach seinen Werken.« Der Engel aber, der bei mir war, hub an

---

*) Das Wort אשמעתה kann als Fortsetzung der Rede Gottes auch im Imperativ genommen werden: »Und übergebet sie u. s. w. ..... steht.«
**) עלמא Ewigkeit, Vorzeit. Hier vom Zeitpunkte der Zukunft.

und sagte zu mir: »Weisst du, Paulus, dass Jeder von
euch, der Gutes thut, in der Stunde, da er aus der Welt
scheidet, Ruhe findet, und dass ihm alles Gute und Schöne
vergolten wird?« Dann fuhr der Engel fort: »Blicke nun
hinab, Paulus, und schau!« Ich schaute, und sieh: da war
eine andere Seele, die aus ihrem Leibe schied, und ich
sprach zu ihm: »Herr, wessen Seele ist diese?« Und er
antwortete mir: »Wisse, dass dieser ein Gottloser war, der
Gott Tag und Nacht beleidigte, indem er zu sagen pflegte:
»Es ist nichts Anderes in der Welt (zu thun), als dass wir
mit jungen Leuten essen und trinken; denn wer ist wohl
in die Unterwelt hinabgestiegen und wider Willen gekommen, oder hat uns Bericht gegeben und vom Gerichte ge-
sprochen?«[26]) Ich sah aber seine ganze Bosheit vor und hinter
ihm herkommen, vor seinen Augen ihn umringend, und ich
sah, dass diese Stunde für ihn bitterer sei als das kommende
Gericht.[27]) Der Mann sagte: »O wär' ich doch nicht geboren
worden und nie in die Welt gekommen!« Ich sah dann,
dass gute Engel zu ihm hinabkamen und auf ihn schauten,
sah aber, dass Finsterniss und der stinkende Geruch seiner
bösen Werke ihn rings umgab, so dass die guten Engel
ihm nicht einmal nahen konnten. Es kamen dann auch
böse Engel, und als die Seele die zwei Schaaren der Engel
erblickte, gerieth sie in Verwirrung. Als aber die guten
Engel diess sahen[28]), entfernten sie sich von ihr; allein die
bösen Engel fielen über jene Seele her und rissen sie mit
wildem Grimme eilig heraus. Da sie dann ausgefahren war,
kehrten sie sie dreimal um, indem sie zu ihr sprachen:
»Betrachte nun, o elende Seele, deinen Leib und lerne dein
Haus kennen, aus dem du ausgezogen bist! Am Tage der
Auferstehung wirst du in dasselbe zurückkehren und als
Vergeltung erhalten, was deiner Schlechtigkeit gebührt!«
Nachdem sie die unselige[29]) abgeführt, stöhnte sie bitterlich,
und der Engel, der sie im Leben leitete, eilte vor ihr her,
indem er zu ihr sagte: »O arme Seele, ich bin dein Engel,
der Tag und Nacht deine Sünden vor Gott brachte, und

wie oft hab' ich dir gesagt, dass du die Gebote deines
Herrn nicht verachten solltest! Hätte ich über mich selbst
verfügen können, so würde ich dir nicht einmal eine Stunde
im Tage gedient haben. Allein ich kann über mich selbst
nicht gebieten, weil derjenige, welcher dich nach seinem
Ebenbild und Gleichnisse schuf, uns geboten bat, euch zu
dienen, indem Gott in seiner Barmherzigkeit zuwartet, ob
ihr euch etwa bekehrt und nicht Kinder des Verderbens
werdet. Doch komm jetzt, o unglückliche Seele! Zur Busse
hast du dich nicht erwecken lassen; so geh' nun zum gerechten Richter hin, der Niemanden (ohne Gericht) lässt [30]),
sondern von dem Jedem nach seinen Werken vergolten
wird. Wisse, o arme Seele, dass ich von heute an immerfort dir fern bleibe.« Da stand der unselige Geist in Be-
schämung; sein Engel aber drängte ihn. Als die Seele zur
Pforte des Firmaments kam, sah sie die Heerschaaren der
Bösen, sah jene Heerschaaren, die auf ihren Zusand der
Ermattung die Last des Irrthums und der Verleumdung
legten und den Geist des Truges. Als diese aber zu ihr
kamen, sprachen sie zu ihr: »Wohin fliehst du, elende
Seele? Warte, auf dass wir schauen, ob an dir Etwas von
unserm Wesen ist!« Nachdem sie sie betrachtet, freuten
sie sich und sagten: »Ja, ja, an dir ist etwas. Du gehörst
ganz und gar uns, Jetzt wissen wir, dass nicht einmal dein
Engel dir helfen und dich von uns erretten kann.« Der
Engel aber entgegnete: »Wisset, dass die Seele des Herrn
ist und er sie nicht lässt! Auch ich lasse Gottes Ebenbild
nicht in den Händen des Bösen. Derjenige nämlich, welcher
mich, so lange diese Seele lebte, täglich unterstützt hat,
kann mir und ihr beistehen und helfen, und ich lasse sie
nicht, bis sie vor den Thron Gottes, des Allerhöchsten,
emporfährt. Wenn er dann auf sie schaut, dann übt er
Gewalt über sie, und schickt sie hin, wohin er will.«
    Da dieses vor sich ging, ward eine Stimme vom Himmel
gehört, die also sprach: »Führt diese Seele, welche die
Worte des lebendigen Gottes verachtete, herauf!« Als sie

dann in den Himmel eingetreten war, und der Engel Reihen sie erblickten, schrieen sie alle mit Einer Stimme: »Weh dir, o elende Seele, welche Entschuldigung hast du für deine Werke? Oder wie willst du dem lebendigen Gott Rechenschaft über deine Bosheit geben? Wehe dir zu jener Zeit, da du vor ihm niederfallen wirst![31]) Welche Antwort wirst du Ihm geben, der Tag und Nacht über dich den Strom seiner Erbarmungen ergossen hat?« Darauf erwiederte der Engel dieser Seele: »Ihr alle meine Freunde, bittet und flehet inbrünstig mit mir, dass diese Seele aus unserer Mitte weggenommen werde! Wir werden ja vom Gestanke ihres Geruches gequält. Ihr seht wohl, dass schon gleich, seitdem sie in unsere Mitte getreten, ihr stinkender Geruch auf uns alle sich verbreitet hat.« Nun flehten auch jene Engel mit dem Engel der Seele, und hernach fuhr sie in den Himmel empor, und die Engel führten sie vor Gottes Thron, vor dem sie anbetend niederfiel. Ihr Engel aber stand mit Furcht vor Gott und sagte: »Herr, barmherziger Gott, gerechter Richter, du kennst diese Seele[32]), mit der ich viel Angst ausgestanden habe. Handle jetzt an ihr nach deinen Erbarmungen und gerechten Gerichten!«

Also sprach auch der Geist des Herrn: »Ich bin der Geist des Lebens. Ich war bei ihr und wohnte in ihr, fand jedoch nicht Ruhe in ihr. Weil du weisst, wie sie mir Bedrängniss und Noth schuf, und an deine Gebote, o Herr, sich gar nie erinnerte, so thu' an ihr nach deinen gerechten Gerichten!« Und eine Stimme sprach: »Wo sind deine Früchte, o elende Seele, für alle die Gnaden, die ich dir zu geniessen und daran dich zu ergötzen gegeben habe? Hab' ich etwa einen Unterschied zwischen dir und den Gerechten gemacht? Hab' ich die Sonne über diese aufgehen lassen und über dich nicht?«

Ihr aber war der Mund verschlossen, und sie hatte keine Entschuldigung. Dann vernahm ich eine andere Stimme, die da sagte: »Gerecht ist der Herr; und seine Gerichte sind recht, und gerad' ist Gottes Gericht, und bei ihm ist kein

Ansehen der Person. Wer immer Erbarmen übt, über den werden am Tage des Gerichts die Erbarmungen kommen, die er geübt.«

Hernach ging über diese unglückliche Seele der Befehl aus, dass sie dem über die Qual gesetzten Engel übergeben werde und dieser sie in die äussere Finsterniss bringen und sie daselbst gequält werden solle, bis sie bei der Auferstehung in ihre Wohnung zurückkehre und dann sie selbst und ihr Leib mit einander Peinigung erleiden, wie sie gemeinschaftlich hier (auf Erden) gesündigt. Und wieder hört' ich eine Stimme, die sprach: »Gerecht bist du, o Herr, und sehr gerecht sind deine Gerichte!« Als sie aber die Seele abführten, weinte sie und sagte: »Barmherziger und gerechter Gott, gerecht in allen seinen Werken! Sieben Tage sind es, seitdem ich aus meinem Leibe gefahren und dem Engel übergeben worden bin. Er führte mich in schreckliche Orte, und dort quälten sie mich alle diese Tage hindurch.« Und eine Stimme kam zu ihr, die sprach: »Hättest du Barmherzigkeit geübt, so wäre auch dir Barmherzigkeit zu Theil geworden.«[33]) Die arme Seele aber antwortete: »Ich habe nicht gesündigt, o Herr!« Da entbrannte sein Zorn über diese Seele, und es ging der gerechte Richterspruch[34]) aus: »Engel des Herrn, dem Er über diese Seele Gewalt gegeben, komm, bring' alle ihre Werke!« Der Engel stand mit grosser Furcht da, hielt in seiner Hand etwas wie eine Schrift, und sprach: »Herr, siehe da: die Sünden der Seele sind in meiner Hand, und zwar von ihrem vierzehnten Jahre an bis auf diesen Tag.« Dann ertönt' eine Stimme: »Ich sage dir und schwöre mit Amen[35]): Hat sie vor dem Tode Busse gethan, so gedenke ich auch nicht Einer ihrer Sünden mehr. Hat sie mindestens vor drei Tagen[36]) reumüthig sich bekehrt, auch dann gedenke ich keiner Sünde. Ja, bei meinen Engeln und meinem mächtigen Arme schwöre ich: Wenn sie auch nur Eine Stunde, bevor sie starb, Busse gethan hat, so nehme ich sie auf. Doch — gebeut nun, dass der Engel dieser und

dieser *) Seele komme, und sie **) sollen mit sich die Seelen hieher bringen.« Augenblicklich standen sie vor Gott,
und die Seele erkannte jene Seelen, an denen sie gesündigt, und jetzt sprach eine Stimme: »O allerhöchster und
furchtbarer Herr! Sieh; deine Diener stehen vor deiner
Majestät.« Dann sprach jene ***) Seele: »Diese (da angeklagte) Seele hat nicht geruht und keinen Schlaf über sich
kommen lassen, bis sie nicht diese †) Seele getödtet und
ihr Blut vergossen hatte. Und mit dieser andern Seele hat
sie Ehebruch getrieben und eine Fehlgeburt [37] auf sünd-
hafte Weise an ihr bewirkt.« Darauf sagte der Richter:
»Wusstest du [38] nicht, o unglückliche Seele, dass ich Jedem,
der an seinem Nächsten ein Unrecht begeht, wenn dieser
sich erhebt und ihn tödtet, Alles behalte, bis sein Mörder
und Widersacher kommt? [39] Dann werden beide vor dem
gerechten Richter erscheinen, und Jedem wird nach seinen
Werken vergolten.«

Nun gebot Gott, dass diese Seele durch den Engel dem
untern Tartarus überliefert und dort bis zur Auferstehung
gepeinigt werde. Als diess vor sich ging, hörte ich eine
Stimme, die da sprach: »Gerecht und gerade ist Gottes
Gericht«; dann vernahm ich eine andere Stimme von Myriaden der Myriaden Engel, die Gott priesen und sagten:
»Gerecht bist du, o Herr, und sehr gerade sind deine
Gerichte, und keine Menschenrücksicht ist bei dir.« Hernach sagte zu mir jener Engel, der bei mir war: »Siehst
du, o Paulus, diess Alles?« »Ja, antwortete ich, Herr!«
Und er fuhr fort: »Folge mir nun, ich will dir den Ort
der Gerechten zeigen.« Ich hielt mich also an dem Engel,
und er nahm mich auf, hob mich im Fluge empor und
führte mich bis in den dritten Himmel hinauf. Dann aber
stellte er mich zu einer Pforte hin; ich betrachtete sie und

---

*) Einer gewissen Seele, womit die andere gesündigt hatte.
**) Die Engel anderer Seelen, womit sich die angeklagte verfehlte.
***) Deren Engel, wie oben erzählt ist, berufen ward.
†) Auf eine der gekommenen mitschuldigen Seelen deutend.

sah, dass sie reinem Golde glich. Vor ihr standen zwei
Säulen wie von Diamant, und darauf waren zwei beschrie-
bene Tafeln. Jetzt wandte sich der Engel, der bei mir war,
zu mir und sprach: »Fürchte dich nicht, Paulus, durch
diese Pforten einzutreten! Nicht Jedem ist es gestattet
hineinzukommen, sondern nur Jenen, die grosse Zuversicht[40])
haben und ganz und gar ohne etwas Böses sind.« Ich fragte
nun den Engel bei mir: »Was bedeuten die Inschriften auf
diesen Tafeln?« Und er erwiederte mir: »Diess sind die
Namen der Gerechten, wie unser Herr zu seinen Jüngern
sagte*): Freuet euch nicht, wenn die Dämonen euch unterworfen sind, sondern erfreuet euch, dass eure Namen im
Himmel eingeschrieben sind!« Diese sind es, die Gott von
ganzem Herzen dienen und auf Erden nur Fremdlinge sind.«[41])
Hierauf sagte er weiter zu mir: »Allein nicht bloss ihre
Namen sind eingeschrieben, sondern auch ihre Werke Tag
für Tag, und der ihnen dienende Engel bringt täglich die
Nachricht über ihre Werke von einem Morgen zum andern,
indem sie (die Menschen) Gott sowohl ihren Herzen als
ihren Werken nach bekannt sind. Nachdem sie aber (die
Werke) eingeschrieben sind, wird eine Sünde oder ein Feh-
ler, der ihnen nachher irgendwie begegnet, durch eine der
Sünde angemessene Züchtigung gereinigt, ferner jedoch
wird ihnen von ihren Arbeiten Nichts abgezogen, und diese
werden durch den ihnen dienenden Engel bekannt, bevor
sie noch aus der Welt scheiden; ja, ihr ganzes Thun ist
im Himmel verzeichnet.«[42])

Als ich aber durch jene Pforte der Stadt hineingegan-
gen war, kam uns ein Engel entgegen, dessen Antlitz hell
gleich der Sonne leuchtete. Dieser umarmte und küsste
mich und sprach: »Sei gegrüsst, o Geliebter des Herrn!«
Er zeigte mir ein Antlitz voll Liebe. Dann aber ward er
plötzlich traurig, betrübt, und weinte. Da sagte ich: »Wesshalb weinst du, o Herr?« Er seufzte bitterlich und sagte

*) Luc. 10, 20.

zu mir: »Ach, Herr, wohl geziemt es sich zu weinen und sich zu betrüben über das Menschengeschlecht. Viel nämlich und gross sind die Segnungen, viel die Güter, welche ihnen Gott bereitet hat; so sind auch seine Verheissungen gross, die er ihnen geben will; allein sie berauben sich selbst, weil sie die Gebote unsers Herrn nicht beobachten, und aller dieser Segnungen und Güter sich unwürdig machen.« Nun fragte ich den Engel an meiner Seite: »Wer ist denn dieser*), o Herr?« Und er antwortete mir: »Das ist Henoch, der Lehrer der Gerechtigkeit.« Dann aber ging ich in diesen Ort hinein und sah uns den grossen Elias entgegenkommen. Er näherte sich und begrüsste mich freudig und frohlockend; bald jedoch wandt' er sich um, weinte und sagte zu mir: »Du wirst, o Paulus, deine Mühen **), und deine Schüler bekommen, für die du in der Menschheit***) gearbeitet und die du zum Leben bekehrt hast. Sieh, o Paulus, wie gross die Verheissungen und Güter Gottes sind! Allein wenige von den Menschen sind ihrer würdig. Gross ist zwar die ganze Menschheit, wenige jedoch sind, die in diese Orte kommen, welche du siehst.«

Nun nahm der Engel, der bei mir war, das Wort und sprach: »Von Allem, was ich dir, Paulus, an diesem Orte zeige, sollst du den Menschen auf Erden Nichts offenbaren, da Fleisch und Blut es nicht begreifen.« [43]

Hierauf vernahm ich Worte, die nicht auszusprechen sind, und die zu sagen einem Menschen nicht erlaubt ist (2. Korinth. 12, 4), weil Fleisch und Blut das nach der Auferstehung geschehende Wunderbare nicht begreifen, sondern nur die nach der Auferstehung Lebenden. Dann sagte der Engel zu mir: »Komm, ich will dir jetzt zeigen, was du den Menschen offenbaren sollst!« Und er führte mich aus dem dritten Himmel weg und versetzte mich ober das

---

*) Der in Engelsgestalt Entgegengekommene.

**) D. i. den Lohn für deine Mühen.

***) Während deines irdischen Wandels als Mensch unter den Menschen.

Firmament hin. Da sah ich die Grundfesten des Himmels
gegen Osten auf einem Wasserstrom gelegt, der jenen ganzen Ort und die ganze Erde umgab. Diese Orte aber waren
mehr als siebenmal heller d u r c h   d i e   S o n n e [44]) erleuchtet.
»Was ist diess für ein Ort?« fragt' ich jetzt den Engel,
der bei mir war, und er antwortete mir: »Diess ist das
Land der Verheissung, von dem ùnser Herr gesagt hat:
»Selig sind die Armen im Geiste; denn ihrer ist das Land
des Lebens« (Matth. 5, 3). Ihre Seelen sind hier. Wenn
nämlich die Gerechten aus der Welt scheiden, so kommen
sie in diesen Ort.« Darauf sagte ich: »Und nun, o Herr,
ist diess die Erde, die am Ende geoffenbart wird?« *)
Und er entgegnete mir: »Wenn Christus, den du anbetest,
erscheint, so kommt er von dort, wo ihr ihn habt auffahren
gesehen, und löst durch sein Machtgebot die Erde auf, und
sie wird wüst und öde **), wie sie zuerst war, und alle diese
Geschöpfe werden vernichtet, und die Erde wird gleich wie
das Dach eines Hauses [45]) zugedeckt werden, d. i. schwarz und
finster für die Menschen und ihre Werke. Ist die Erde
vergangen, dann wird diese da herrschen, die S o n n e   d e r
G e r e c h t i g k e i t (Malach. 4, 2), und Er (Christus) kennt
die Seinen und wird von ihnen gekannt, und er ruft seine
Auserwählten bei ihren Namen und herrscht in Ewigkeit
über sie und erfüllt sie mit Wonne, und gibt ihnen alle
himmlischen Güter, wie er ihnen verheissen hat; denn ihm
gebührt Verherrlichung in alle Ewigkeiten. Amen.«
   Ich richtete dann meine Blicke auf diese (höhere, über-
irdische) Erde; darauf befindet sich ein Strom Wassers, an
dessen Ufer auf beiden Seiten Bäume gepflanzt sind, deren
jeder Früchte in allen möglichen Formen hervorbringt. Dort
sah ich ferner auf der Ostseite einen Ort, welcher der Beginn [46]) aller Creaturen des lebendigen Gottes ist, indem sie
Glückseligkeit geniessen. Diese Erde war sehr licht, und

---

*) Offenb. Joh. 21, 1. Die neue Erde.
**) Wörtlich »Thohn va bohn.«

auf ihr sah ich Bäume, die von ihren Wurzeln an bis zu den Gipfeln voll Früchte waren, und der Engel an meiner Seite nahm wieder das Wort und sprach: »Schau jetzt diess Alles an, o Herr! Gott hat nämlich diese Verheissungen (d. i. Seligkeiten, Güter), die er seinen Heiligen versprochen, bereitet. Wisse jedoch, dass noch siebenmal herrlichere sind als diese, »die weder ein Auge gesehen, noch ein Ohr gehört, und die in kein Menschenherz gekommen sind.«*) Sieh, ich sage dir, Paulus, von den heiligen Menschen, die aus der Welt dahingeschieden, und die Verheissungen geschaut, welche Gott bereitet hat, dass sie seufzten und sagten: »Warum ist ein Wort aus unserm Munde gegangen und haben wir für uns gesorgt?«**)[47] Ich sah dort aber auch Menschen, die sich erfreuten und frohlockten und den Schöpfer priesen, und sagte dann zu ihm (dem Engel): »Wer sind diese, o Herr?« Er antwortete mir: »Das sind jene Menschen, die in der Welt waren und ihre Gemeinschaft.[48] wie Gott ihnen sagte, und seine Gebote hielten und die Reinheit bewahrten.' Sie ergötzen und erfreuen sich hoch in alle Ewigkeit, Amen. Den Jungfräulichen aber und denen, die sich der Welt entäussert haben,[49] und die nach Gerechtigkeit hungerten und dürsteten, gibt Gott Seligkeiten, die noch viel herrlicher als diese sind, o mein Sohn! Diess zeige ich dir, Paulus!«

Hernach entführte er mich gegen Osten von diesem Orte aus, und dort sah ich einen Strom Wassers; das Wasser aber in ihm war lichter als Milch. Und er sprach zu mir: »Siehst du diese, o Paulus?« Und ich sagte zum Engel, der bei mir war: »Wer sind diese, o Herr?« Er antwortete mir: »Diess ist der See der Eucharistie[50]; im Osten aber von diesem See ist die Stadt Christi. Sie lassen jedoch nicht Jedermann in diese Stadt hineinkommen.[51] So

---

*) Jes. 64, 4. I. Korinth. 2, 9.

**) Wohl mit weltlicher Sorge, anstatt eifriger an die Ewigkeit zu denken.

geht es denjenigen, die Ehbruch getrieben oder Frevelthaten begangen und die Gebote nicht beobachtet haben. Bekehrt sich aber Einer aus ihnen und thut vor seinem Tode Busse, so bringen ihn, sobald er aus der Welt scheidet, sogleich die Engel her und er betet vor dem Throne Gottes an und hat an sich das Zeichen der Busse. Dann wird er dem Erzengel Michael übergeben, und dieser führt ihn über den See der Eucharistie und bringt ihn in die Stadt Christi. Dort wird er in die Gesellschaft jener aufgenommen, die nie gesündigt haben.«

Ich Paulus aber verwunderte mich sehr und pries Gott wegen alles dessen, was ich gesehen. Dann begann der Engel an meiner Seite wieder und sprach: »Folge mir, ich will dich in diese Stadt führen.« Als ich dann an dem See der Freude stand, brachten sie mir ein Fahrzeug und setzten mich in dasselbe. [52]) Es war reinem Golde gleich, und ich sah Schaaren von Engeln, wohl mehr als drei Tausende, die vor mir her Loblieder und Psalmen und Hallelujagesänge ertönen liessen, bis ich in die Stadt Christi kam. Als ihre Bewohner mich erblickten, erfreuten sie sich gar sehr, kamen zu mir heraus und führten mich hinein. Nachdem ich eingetreten war, sah ich dort einen grossen Strom; die Stadt selbst aber war siebenmal heller als das Sonnenlicht. Zwölf [53]) Mauern umgaben sie, und zwölftausend feste Thürme waren in ihr; um jeden derselben ging eine Halle herum. [54]) Ich sagte zum Engel, der bei mir war: »Was sind denn diese (Thürme) da?« Und er antwortete mir: »Das sind die Thürme, welche abgesondert zwischen den Menschen stehen.« [55]) Da ich hinschaute, [56]) waren die Pforten in diesem Umkreise offen, der mit allem, was sich ziemte, geschmückt war. Vier Flüsse umgaben sie (die Stadt), einer von Osten, einer von Westen, einer von Norden, und einer von Süden. Nun fragte ich den Engel an meiner Seite: »Was bedeuten wohl diese Flüsse, o Herr, welche die Stadt umgeben?« Er entgegnete mir: »Diese vier Ströme sind das Bild jener, die auf Erden sind, des Gichon, Pischon, Eufrat und Tigris.«

Als ich dann ausser dem Thore [57]) dieser Stadt grosse und
sehr hohe Bäume ohne irgend etwas von Früchten, sondern
nur mit Blättern sah, und einige Menschen, die zwischen
den Bäumen zerstreut waren und sehr weinten, so oft sie
einen gerechten Menschen in die Stadt hineingehen sahen,
während sie selbst bis zur Erde hinab gebeugt und sehr
betrübt waren: als ich, wie gesagt, diess sah, so weinte ich
gleichfalls und sagte zum Engel bei mir: »Was sind denn
diese und wer sind sie, die nicht würdig waren, in die Stadt
einzutreten?« Und der Engel erwiederte mir: »Wohl geziemt es sich für uns, über sie zu weinen, die mehr als
alle andern Menschen sich angestrengt haben.« »Und warum,
o Herr?« sagte ich. Der Engel antwortete mir darauf: »Sie
waren Asceten,*) fasteten,[58]) schienen im Gebete, allein ihr
Herz war hochmüthig vor Gott und so vermochten sie keine
Reue [59]) zu erwecken. Ihr Herz war verstockt; sie glaubten
nämlich, dass sie nichts angehe, was über sie geschrieben
steht**): »Oder hast du nicht gehört, dass Gott den Hoch-
müthigen widersteht und den Demüthigen Gnade gibt?«
Wisse nun, o Paulus, dass diese mehr als alle Menschen
sich selbst verherrlichten und ihre Nebenmenschen ver-
achteten, und vorzüglich sich selbst lobten, Niemanden je
begrüssten, und nur wem sie wollten die Thüre öffneten.
Dem sie aber um Gottes willen und weil er fremd war
hätten öffnen sollen, den misshandelten sie. Dieser ihr
Hochmuth schloss sie aus, hier einzutreten. Wie hat der
Herr der Herrlichkeit, als er vom ungerechten Volke ver-
höhnt ward, nicht diess alles um der Rückkehr Eines Schafes
willen auf sich genommen, damit es nicht verloren gehe!
Diese aber wussten nicht,[60]) was sich für sie zu thun gezieme.
Ich sage dir nun, mein Sohn Paulus: Sie haben in ihrem
Wandel mehr als alle Gerechten sich abgemüht, allein ihr

---

*) Wörtlich »Trauernde«, wie auch Mönche und Einsiedler genannt
wurden. Englisch »mourners«.
**) Jacob. 4, 6. Wörtlich »dass in Bezug auf sie gut gehe«, dass
sie nicht zu fürchten haben u. s. w.

Stolz demüthigte sich nicht und diess ist die Ursache, welche
sie dort hineinzukommen hinderte.«

Nachdem ich von dort weggegangen war, zog ich mit
dem Engel weiter und er führte mich über einen Fluss.
Dort erblickt' ich den Propheten Jesaias, bei ihm auch
Jeremias, Ezechiel, Moses, ja die ganze Schaar der Propheten.
Sie standen auf und begrüssten mich, ich aber sprach zum
Engel an meiner Seite: »Wer sind diese da? [61]) Was ist diess
für ein Ort?« Er gab mir zur Antwort: »Diess ist der
Aufenthaltsort der Propheten und derjenigen, die um Gottes
willen sich selbst abtödten. Sobald sie aus der Welt scheiden,
werden sie hieher geführt, um vor Gott anzubeten, und
dann dem Erzengel Michael übergeben, der sie in die Stadt
der Propheten führt. Diese begrüssen sie als Brüder und
lieben sie, weil sie Gottes Willen vollzogen, und sind um
sie her geschäftig.« [62])

Darauf führte er mich gegen Süden und ich sah dort
einen andern Strom [63]) und dann jene Kinder, die der ruch-
lose Herodes hatte ermorden lassen. Auch diese standen
auf und begrüssten mich. Der Engel an meiner Seite aber
sprach: »Wer immer seine Jungfrauschaft und Seelenrein-
heit bewahrt, wird beim Hinscheiden aus der Welt, nachdem er vor dem Throne Gottes angebetet hat, dem Erzengel Michael übergeben, und dieser bringt ihn zu den
Kindern da. Die begrüssen ihn wie einen Vater.

Nun brachte er mich gegen Osten der Stadt, und dort
erblickte ich ehrwürdige Greise und die tugendhaften Väter
Abraham, Jsaak und Jakob, und die ganze Schaar der Gerechten. Auch sie begrüssten mich freudig, und ich sagte
zum Engel bei mir: »Wer sind diese, o Herr?« Er erwiederte
mir: »Wer immer die Fremden liebt und gegen die Armen
Mitleid übt, geht beim Hinscheiden aus der Welt, wenn er
vor Gott angebetet hat, auf diesem Wege zu den Heiligen ein,
kommt in ihre Gesellschaft in dieser Stadt, sie grüssen und
lieben ihn, weil er wie sie die Fremdlinge geliebt hat, und
sie führen ihn in die Stadt der Verheissung.«

Nun führte er mich an die Nordseite der Stadt und dort erblickt' ich Menschen, die voll Freude und Heiterkeit sich ergötzten. Ich sagte zum Engel bei mir: »Wer sind diese, o Herr?« Und er erwiederte mir: »Diese sind, die sich selbst aus ganzem Herzen (Gott) ergeben haben und in den Ort, wo keine Furcht herrscht, übergegangen sind,«

Darauf aber brachte mich der Engel mitten in die Stadt hinein; darin waren zwölf sehr hohe und erhabene Mauern. Da fragt' ich den Engel und sprach: »Herr, ist hier noch ein anderer Ort, der herrlicher ist als dieser?« Und er antwortete mir: »Von diesen ist jeder herrlicher und vortrefflicher als der andere, vom ersten bis zum zwölften. Jeder von den Menschen aber wird, je nachdem sie sind, durch diese Mauern abgeschnitten. Jeder wird nach Verhältniss seiner Missethaten durch diese Mauern vom Umgange mit Gott ausgeschlossen, vom ersten (Orte) bis zum zwölften.«

Von dort führte er mich wieder in die Mitte der Stadt und ich sah Throne aufgestellt und Kleider und Kronen anf sie gelegt, so herrlich, dass kein Mensch im Stande wäre, die Grösse ihrer Pracht zu beschreiben. Ich sagte jetzt zum Engel, der bei mir war: »Wer sind diese, o Herr?« Und er gab mir zur Antwort: »Diese sind es, die Gott durch ihre Einfalt versöhnt haben; sie sagten nämlich, sie seien thericht und verächtlich, und achteten sich selbst für nichts. Nun aber ist ihrer alles, was du in ihr (der Stadt) siehst. Sie wussten von nichts anderm, [64]) als dass sie täglich um der Liebe Christi willen sich grüssten; doch jene Gelehrten sprechen in ihrem Stolze ganz anders: Seht ihr jene Einfältigen, die nichts wissen? Wie sind sie nun dieser Grösse gewürdigt worden?«

Dann sah ich mitten in der Stadt einen grossen Altar, der ungemein hoch war; an der Seite desselben aber erblickte ich einen hehren und glorreichen Greis stehen, dessen Angesicht wie am Firmament die Sonne leuchtete. Er hielt in seiner Hand eine Zither und sang Halleluja. Durch

seine Stimme ward die Stadt aufgeregt, und zugleich riefen
die ob den Thürmen und die unter ihnen alle laut: Alleluja!
Als ich diess sah, erbebten von dem Tone ihrer Jubelrufe
die Grundfesten. Nun fragte ich den Engel, der bei mir
war: »Was ist das für ein Getön, das diese Stadt und alle
ihre Bewohner in Aufregung bringt?« Und der Engel sagte
mir: »Diess ist David der Prophet und König, der im Jeru-
salem Christi Psalmen singt. Wie er auf Erden Psalmen
sang, psallirt er da im h. Geiste, und alle Heiligen stimmen
mit ihm in Lobpreisung und Jubelgesang überein. Der
Prophet David tritt hervor und psallirt vor ihnen her, dann
antworteten alle Heiligen nach ihm mit Halleluja.« Und
ich sprach zum Engel: »Warum singt er vor dem Altare
Halleluja und antworten die Heiligen, jeder von seinem
Platze aus?« Und der Engel entgegnete mir: »Als Christus,
Gottes Sohn, auffuhr und sich zur Rechten seines Vaters
setzte, so psallirte David allein vor seiner Auffahrt her.
Er sagte nämlich so *): »Erhebet, o Thore, eure Häupter!
Erhebt euch, ihr Thore von Ewigkeit, damit der König der
Ehre einziehe!« Viele waren in jener Zeit nach diesem
Gesange begierig, ausser ihm (David) kam aber Niemand
dazu, und kein Mensch vermag auf Erden Gott ein Opfer
darzubringen, ohne es durch die Psalmen des seligen Davids
zu verherrlichen; denn ohne Davids Preisgesänge kann Niemand es wagen zu opfern. Nothwendig ist nämlich der Ge-
brauch, zur Zeit des Opfers um des Leibes Christi willen [65]
Davids Loblieder zu singen.« Und ich sagte zu ihm: »Herr,
was ist das Halleluja?« Der Engel erwiederte mir: »Ueber
wie vieles forschest und fragst du, Paulus! [66] Alles willst du
wissen. Wisse denn: Allelujah bedeutet in hebräischer
Sprache: Lobet Gott! [67] Offenbar preisen aber dadurch zuerst
in der Höhe und verherrlichen beständig die Engel Jenen,
der uns Heil gesendet und uns Alles erschaffen hat.« Und
ich sprach zu ihm: »Herr! Lobt also Jeder, der Allelujah

---

*) Psalm 24 hebr. 7. 9.

sagt, Gott?« Und der Engel antwortete und sprach: »Wenn
Jemand in der Kirche Psalmen singt und Jene, die opfern,[68])
ihm nicht mit Allelujah erwiedern, so sündigen sie dadurch,
und wenn sie nicht antworten, so antworten jedenfalls ihre
Engel. Wenn ferner ein Mensch, weil er krank oder alt
ist, nicht antwortet, so antwortet an seiner Statt der dienende Engel. Ich sage aber: was soll man wohl von dem
sagen,[69]) welcher eine starke Stimme hat und nicht antwortet?
Wenn ein solcher Mensch auch nur Einen Gesang[70]) nicht
achtet, so ist's der böse Geist, der aus Stolz ihn abwendig
macht, und er erkennt nicht, dass er es verachtet, Gott
Preis darzubringen. Er würdigt sich nicht, mit Gott zu
reden (denn so oft ein Mensch betet, unterredet er sich mit
Gott), und so beraubt er sich selbst des Umgangs mit Gott.«

Hernach führte er mich aus der Stadt und brachte
mich unter jene Bäume am See der Eucharistie, indem er
zu mir sagte: »Diess ist völlig das Land der Verheissung[71])
der Gerechten und Heiligen.« Dann hob er mich empor
und führte mich über jene Ströme des Sees und erhob mich
über jenen Ocean, der das Firmament des untern Himmels
trägt, und nun begann der Engel bei mir und sagte zu
mir: »Weisst du, Paulus, wohin du jetzt gehst?« »Nein,
Herr«, erwiederte ich. Und er sprach weiter: »Folge mir
nach! Ich werde dir den Weg *) zeigen, wo die Sünder
und die Seelen der Gottlosen gepeinigt werden.« Und er
führte mich gegen Sonnenuntergang hin, und ich sah daselbst den Anfang[72]) des Himmels festgestellt auf Einem mächtigen Strome und sagte zu ihm: »Was ist diess da unten?«
Er antwortete mir: »Diess ist das Meer des Oceans, das
die ganze Erde umringt, und darin ist die Erde. Es ist
aber der Gürtel ob ihrem Haupte, und die Erde befindet
sich in seiner Mitte.«[73]) Ich sah aber dort feurige Kohlen
gelegt, und eine Flamme stieg daraus hervor und eine

---

*) Am Rande steht ein Wort, das Ort heisst, als Verbesserung.
Engl. »the place«.

grosse Menschenmenge war darin versenkt; einige davon
waren bis zu den Lippen, andere bis zu den Bäuchen [74]) im
Feuer. Da fragte ich den Engel: »Was sind denn diese
da für Leute, Herr? Und er entgegnete mir: »Die sind
solche, welche sich weder den Gerechten noch den Sündern
gleich gemacht, aber auch keine Bekehrung angenommen
haben. Ihr Leben verging in dumpfer Gedankenlosigkeit
und in Pflege ihrer Körper, und was sie immer thaten, be-
stand in Unzucht und grossen Sünden [75]); allein der Busse
ergaben sie sich durchaus nicht und erinnerten sich auch
nicht an das Ende. Nachdem sie gestorben, brachte man
sie hieher.« Und ich sagte nun zum Engel: »Was sind
wohl jene für Leute, o Herr, die bis zu den Knieen im
Feuer versunken sind?« Und er sprach zu mir: Diess sind
jene, die aus der Kirche gehen und vom Gebet ablassen
und Unnützes schwatzen, die nur aufmerken, wann es ihnen
beliebt,[76]) und ihre Stimme über die andern erheben.« Hernach
fragte ich ihn: »Herr! Und jene, die bis zu ihrem Bauche
im Feuer versunken sind, wer sind sie?« Und er gab mir
zur Antwort: »Diess sind jene, die nach dem Empfange des
Leibes Christi Ehbruch und Hurerei trieben und ihre Leiber
nicht zur Ehre ihres Herrn bewahrten, und von ihrer Geil-
heit nicht abliessen, bis sie starben.«

Und wer sind denn jene, die bis zu den Lippen in's
Feuer versenkt sind?«

»Diess sind diejenigen, welche zwar allzeit in der
Kirche Psalmen herabsagten, aber durch Ränke einander
befeindeten [77]) und mit verstellter Liebe ihren Nebenmenschen
winkten.«

Ich erblickte nachher dort im Westen von der Sonne
viele und mannigfaltige Peinen, und den Ort voll Männer
und Weiber. Zwischen floss ein Feuerstrom hervor, und
sie erlitten darin bittere Qualen.

Dort sah ich ferner tiefe Tiefen und darin eine Menge
Seelen, eine auf die andere geworfen. Die Tiefe des Feuer-
stromes betrug mehr als dreissigtausend Ellen.[78]) Die

Seelen aber weinten und stöhnten alle zugleich, rufend:
»Unser Herr, erbarme dich unser, Herr, Gott!« Bisher
jedoch ward ihnen keine Barmherzigkeit zu Theil.

Ich fragte nun den Engel, der bei mir war: »Wer
sind wohl diese, o Herr?« Und er antwortete mir: »Diess
sind diejenigen, welche auf Gott nicht [79]) vertrauten, dass
er ihr Helfer sein werde, vielmehr aber auf ihren Reichthum ihr Vertrauen setzten.« Dann sagte ich zu ihm:
»Herr, seit welcher Zeit sind sie hier?« Und er erwiederte
mir: »Seit zwanzig [80]) Geschlechtern und länger noch bleiben
sie, eine Seele auf der andern, in dieser ganzen Tiefe da,
so weit sie nur reicht.« Weiter sprach der Engel zu mir:
»Diese Tiefe und dieser Abgrund haben kein Mass. Er
wallt aber heftig glühend gleich einem Kessel auf, wie du
siehst.« [81])

Ich schaute jetzt hin und sah noch eine andere Tiefe,
die tiefer als jene erste war, und darin befanden sich Seelen
von Gottlosen. Es verhielt sich mit ihrer Tiefe aber so,
dass wenn Seelen von Gottlosen in sie geworfen werden, sie
kaum in hundert Jahren in den Grund derselben kommen.

Als ich Paulus diess geschaut, weinte und stöhnte ich
darüber, dass dem Menschengeschlechte so viele Peinen
bereitet sind. Der Engel aber fragte mich: »Warum weinst
du und wesshalb seufzest du? Bist du etwa barmherziger
als Gott?« Ich antwortete: »Das sei ferne von mir, o Herr!
Gott ist gütig und barmherzig gegen die Menschen und lässt
jeden von ihnen nach seinem Willen wandeln, wie es dem-
selben gefällt.« [82])

Und ich schaute und sah wieder einen Feuerstrom, der
viel reissender war als der andere, und einen Greis dabei.
Den führten Engel dahin und versenkten ihn in den feurigen
Strom bis zu den Knieen hinauf. Dann ward ein Diener
aus den Engeln beordert [83]); dieser hielt in seiner Hand einen
eisernen Stab, an dem drei Zähne waren, und zog die Ein-
geweide des alten Mannes bei seinem Munde heraus. Nun
sagte ich zum Engel, der bei mir war: »Was sind das für

schreckliche Peinen, womit man diesen alten Mann peinigt!«
Und der Engel sagte mir: »Dieser war ein Priester und verrichtete sein Amt nicht, wie er schuldig war; er liess keinen
Tag vom Ehbrechen, Essen, Trinken, Unzuchttreiben ab;
die gewöhnliche Pflicht seines Amtes erfüllte er aber auch
nicht Einen Tag.«

Ich schaute weiter und erblickte einen andern Greis,
den vier Engel streng in ungestümem Laufe herschleppten
und bis zu den Knieen in jenen Feuerstrom versenkten. Sie
liessen ihn nicht rufen: »Herr, erbarme dich meiner!« sondern peinigten ihn grausam. Da sprach ich zum Engel, der
bei mir war: »Wer ist dieser, o Herr?« Und er antwortete
mir: »Mein Sohn, dieser war ein Bischof, weidete aber seine
Heerde nicht gut, sondern machte sich nur durch Essen,
Trinken und Wollüste einen Namen, dachte jedoch nicht
an die Güte, welche ihn erhoben[84]) und des grossen Geschäftes
gewürdigt hatte, ein Oberhirt zu sein. Auch nicht Ein ge-
rechtes Gerichtes richtete er, noch hatte er Erbarmen für
Waisen und Wittwen.«

Ich sah aber daselbst auch einen andern Mann, der
bis zu seinem Nacken versenkt und in Blut getaucht war.
Würmer krochen aus seinem Munde herauf, er weinte bitterlich und schrie: »Unser Herr, erbarme dich meiner!« Diese
Pein war nämlich härter als alle andern Peinen. Ich sagte
nun zum Engel, der bei mir war: »Wer ist dieser da,
o Herr?« Und er erwiederte mir: »Dieser war ein Diacon
und genoss das Opfer auf ungeordnete Weise mit der Gier
nach Brod. Zudem verrichtete er keinen Tag etwas Gott-
gefälliges, sondern trieb Ehbruch. Desswegen erweist man
ihm keine Barmherzigkeit und seine Peinigung ist ohne
Erbarmen.«

Wieder sah ich einen andern Mann in grausamer Bedrängniss. Man warf ihn nämlich in dieses Feuer und es
kam zu ihm ein Engel, der nämlich die Oberaufsicht über
die Peinen hatte. Dieser hielt in seiner Hand eine heftig
brennende Feuerzange und zerschnitt langsam langsam die

Lippen des Mannes. Bei diesem Anblicke weinte ich Paulus und sprach zum Engel an meiner Seite: »Herr, wer ist dieser?« Der Engel aber sagte mir: »Dieser war ein Lehrer und Lector in der Welt, hielt aber keines der Gebote, die er lehrte. Er starb unbekehrt und desshalb peinigen sie ihn.«

Hernach erblickte ich einen andern Ort, worin verzehrendes Feuer mit einem Wurm war, und eine Menge Männer und Weiber waren hineingeworfen. Der Wurm aber frass und verzehrte ohne Schonung. Da fragte ich den Engel, der bei mir war: »Was sind diese da für Leute, o Herr?« Er antwortete mir dann: »Du siehst da,[85]) o Paulus, diejenigen, welche Zins genommen haben und auf ihren Reichthum vertrauten, auf den Herrn aber als ihren Retter nicht hofften. Nachdem sie dann unbussfertig gestorben, kamen sie in diese furchtbare und bittere Qual.«

Darauf zeigte er mir aber einen andern Ort, der noch viel bedrängnissvoller und schrecklicher als jener erste war. Darin befanden sich Männer und Weiber, deren viele sich die Zungen zerbissen, und ich fragte den Engel bei mir: »Wer sind diese, Herr?« Und er sagte: »Diess sind diejenigen, welche in der Kirche zur Zeit der Feier der h. Geheimnisse redeten. Sie merkten auf die Worte Gottes nicht auf, sondern schwatzten von eiteln Dingen und unterliessen den Umgang mit Gott. Sie sterben dahin, ohne Busse angenommen zu haben.«

Wieder schaute ich eine andere Tiefe, aus der Qualen hervorströmten, und ich erblickte eine Menge Männer und Weiber, die ohne Erbarmen gepeinigt wurden, und zwar einige bis zu ihren Lippen, andere bis zu ihrem Haupte.[86]) Da sprach ich zum Engel, der bei mir war: »Wer sind diese, o Herr?« Und er gab mir zur Antwort: »Diese sind Zauberer und Zauberinnen, die sich selbst keine Ruhe liessen, bis sie aus der Welt schieden.«

Darüber hinaus sah ich aber eine gräuliche Finsterniss, in der sich Männer und Weiber befanden. Ihr Ge-

schrei erhob sich bis zum Himmel unausgesetzt, und sie
riefen: »Unser Herr, erbarme dich unser! Jetzt kennen wir
die Zeit der Busse.« Allein jene Engel vermehrten noch ihre
Peinen und Qualen, sprechend: »Hier ist kein Raum mehr
zur Busse. Hättet ihr vor eurem Hinscheiden sie dargebracht,
so hätte man euch vielleicht aufgenommen.« Ich Paulus
seufzte aber und weinte, indem ich sagte: »Weh' euch, ihr
Gottlose! Wozu seid ihr wohl auf der Welt geboren worden?« Und er*) antwortete mir: »Noch mehr solltest du
weinen über die Patriarchen und Metropoliten und Bischöfe.
Weine aber über die Priester und Diaconen; denn alle haben
sich mehr versündigt als die Geldliebhaber. Sie liebten[87])
diese Peinen**), die jetzt ihnen auferlegt sind. Desshalb
finden sie, da sie keine Barmherzigkeit ausübten, auch selbst
keine Ruhe, sondern werden siebenfach mehr gepeinigt,
weil sie die Zeit der Busse verloren haben. Gott ist barmherzig; denn er hat Jedem den freien Willen gelassen, und
daher gebühren ihnen die bittern Qualen.«

Als ich darüber weinte, sprach der Engel zu mir:
»Du bist verrückt,[88]) Paulus! Bisher hast du grausame Peinen
noch gar nicht gesehen.« Dann führte er mich gegen
Westen, wo alle Qualen bereitet waren, und hernach stellte
er mich ober einen Brunnen, von dem ich sah, dass er mit
drei Siegeln versiegelt war. Und der Engel, welcher bei
mir war, hob an und sagte zu mir: »Siehst du, Paulus,
diesen Brunnen?« Darauf sprach er zum Engel, welcher
ober der Oeffnung des Brunnens stand: »Oeffne diesen
Brunnen, damit Paulus, der Geliebte unsers Herrn, schaue
(was unten ist)! Ihm gab er nämlich die Erlaubniss, sowohl alle Wonnen und Seligkeiten der Gerechten als auch
alle Wehen und Peinen der Sünder zu sehen.«

Jener Engel (der bei der Oeffnung war) antwortete
darauf und sagte zu uns: »Steht also weit entfernt, damit

---

* *) Der mich begleitende Engel.
  **) Was diese Peinen ihnen zuzog.

der Geruch der Verwesung und des Gestankes euch nicht
treffe!« Da er nun den Brunnen öffnete, drang ein gewaltiger
Gestank daraus hervor, und der Engel an meiner Seite
sprach zu mir: »Von Jedem, der immer in diesen Brunnen
geworfen wird, wisse, dass seiner weder bei Gott noch bei den
Engeln mehr gedacht wird!« Und ich fragte den Engel, der
bei mir war: »Herr, wer sind Jene, die dieses Brunnens
würdig sind?« Er aber antwortete mir: »Jene, die den Herrn
Jesus und seine Auferstehung nicht bekennen, auch nicht,
dass er Mensch geworden, sondern die da meinen, er sei
allen andern Menschen gleich, und in Bezug auf das Opfer
des Leibes unsers Herrn sagen, es sei nur Brod.«

Nun blickte ich gegen Westen, und sah den Himmel
offen und den Engelfürsten Michael, der dem Bunde*) vor-
sitzt, vom Himmel herabsteigen, und Martyrer [89]) und Engel-
reihen mit ihm, und er kam zu jenen, die in der Pein
waren, und sie sprachen zu ihm: »Unser Herr, erbarme
dich über uns! Wir wissen, dass du, so lang wir auf der
Welt waren, jederzeit für uns Gebet darbrachtest. Nun
aber hat uns das gerechte Gericht Gottes erreicht.« Michael
antwortete und sagte zu ihnen: »Höret ihr alle in der Pein:
Bei dem Herrn, vor dem ich stehe, nie höre ich dort auf,
für euch zu weinen, allein ihr Gottlosen hörtet nie auf zu
sündigen, und ihr habet euer Leben in Eitelkeiten zuge-
bracht. Wo sind jetzt aber, o ihr Gottlosen, eure Gebete?
wo ist eure Busse, dass etwa über euch Barmherzigkeit
ergehen könnte?« Ich Paulus aber vernahm diess von
Michael; allein jene Gottlosen weinten nun und schrieen,
und ihre Stimme war wie Donner. Ich dachte an die Worte
unsers Herrn, der da sagte: »Dort wird Weinen und Zähne-
knirschen sein.« Die Engel schrieen mit ihnen [90]) und
sprachen: »Unser Herr, erbarme dich über uns und über
dein Gebilde! Herr, sei gnädig deinem Ebenbilde!«

Während diess vor sich ging, stand ich Paulus mit

---

*) Daniel 10, 13. 21. 12, 1. Engl.: »who is over the covenant.«

Erstaunen da und sah den Himmel sich erschüttern und wanken wie ein Moosrohr vor den Winden. Und es thaten sich die Pforten auf, und ich sah unsern Herrn auf den Wolken des Himmels[91]) hergetragen, und ein Duft von Aromen ging vor ihm her von der Erde bis vor seinen Thron hin aus. Ich sah dann die 24 Aeltesten sich niederwerfen und zu Gott flehen, und die vier Winde des Himmels beteten an und flehten zu Gott, und alle Engel stimmten mit ihnen ein. Nun hörte ich die Stimme unsers Herrn, sprechend: »Was wollt ihr, meine glorreichen Engel?« Und die Engel erwiederten und sagten: »Möchten deine Erbarmungen über diese Menschen kommen!« Zugleich erhoben alle, die in der Pein waren, ihre Stimme und sprachen: »Unser Herr Jesus Christus, Sohn des lebendigen Gottes, erbarme dich über dein Gebild!«

Dann sah ich einen Thron, vor dem die Propheten und hinter ihnen die Apostel, Martirer und Bekenner, jeder in seiner Ordnung, standen. Während ich Paulus über diess Alles erstaunt war, erblickte ich einen bei mir stehenden Greis von herrlichem Ansehen, und sein Engel psallirte vor ihm. Da fragte ich den Engel, der bei mir war: »Wer ist dieser, o Herr?« Und er antwortete mir: »Diess ist Moses, der Geber der göttlichen Gesetze.« Dieser nahte sich mir und grüsste mich, weinte aber. Ich fragte ihn nun: »Warum weinst du, o Herr?« Und er gab mir zur Antwort: »Ich weine über das, was ich in der Welt gepflanzt. Es brachte nicht Früchte, und sie begriffen alle die grossen Wunder nicht, welche Gott durch mich wirkte. Sie liessen vom Götzendienste nicht ab und Israel kehrte zum Herrn nicht zurück. Ich sage dir, o Paulus: Als die ruchlosen Juden den Sohn Gottes kreuzigten, der ihnen die Gesetze gegeben, da standen alle h. Engel voll Betrübniss, so auch alle die gerechten und heiligen Altväter. Zugleich standen die Engel da und schrieen[92]), dass sie die Kreuziger vernichten möchten; allein der lebendige Wink Gottes*) hin-

---

*) Besser wohl zu lesen: »Der Wink des lebendigen Gottes.«

derte sie, damit er (Gott) die Worte der Propheten erfüllte.
Alle die Altväter aber schauten auf mich und sagten zu mir:
»Da sieh, was die Söhne deines Volkes dem Sohne Gottes
angethan! Deshalb sage ich dir, Paulus: Heil dir, und
Heil dem Geschlechte, dessen Diener du bist; sie (die Juden)
wissen jedoch nicht, zu welch einem Glücke du sie ein-
ladest.«

Während er so mit mir redete, kamen zu mir zwölf
andere, indem sie zu mir sagten: »Bist du Saulus, der
dann Paulus genannt ward?[93]) Wir haben vor Gott eine
rühmliche Erwähnung deiner gehört.« Darauf entgegnete
ich: »Wer seid ihr, o Herren?« Und er (d. i. der nächst-
stehende)[94]) antwortete mir: »Ich bin der Prophet Jesaias,
welchen Manasses, der Sohn des Hiskias, mit dem Holze
eines Tuchwalkers*) durchsägen liess.« Der andere aber
antwortete: »Ich bin Ezechiel, Buzis Sohn, den die Juden
auf dem Berge herumschleiften, bis das Gehirn meines
Hauptes hervordrang und mich aufhielt (vom fernern Weiter-
schleifen). Mein Sohn, es ist Keiner (von uns[95]) Propheten),
der eines natürlichen Todes von dieser Welt gestorben
wäre[96]); allein Gott nöthigte uns hinzugehen und Israel zu
bekehren, und jeden aus uns schafften sie grausam durch
den Tod aus dem Wege. Paulus, glücklich ist das Volk,
welches durch dich gläubig wird[97]), und sehr glücklich ist
das Geschlecht, dessen Diener du bist.« Dann hub ein
anderer von ihnen an und sagte zu mir: »Mein Sohn, ich
habe in meinem Hause Engel als Fremdlinge aufgenommen,
und die Einwohner der Stadt kamen, um sie aus Wollust
mit Gewalt wegzunehmen; ich gab ihnen aber meine zwei
noch jungfräulichen Töchter, indem ich zu ihnen sagte:
»Da macht! Seht, meine zwei Töchter hat noch kein Mann
erkannt; fügt nun also diesen Männern nichts Böses zu!«

---

*) Der syrische Text, nach dem die englische Uebersetzung bei
Tischendorf *Apocalypses apocryphae* gemacht ist, muss מסרא דקיסא
haben, weil das englische Wort »woodsaw« steht.

12 *

Sie hörten aber nicht darauf. Du siehst, o Paulus, dass
jedem Uebelthäter so *) vergolten wird.«

Hernach sah ich einen andern Greis auf mich zugehen,
dessen Antlitz leuchtete und dessen Ansehen schön wie eines
Engels war. Sein Engel sang vor ihm her Loblieder. Und
ich sagte zum Engel, der bei mir war: »So singt denn mit
jedem Gerechten derjenige (Engel), welcher ihn in der Welt
führte, auch hier Loblieder mit ihm, und wandelt, wo er
immer hingeht, vor ihm her, und es herrscht zwischen den
Engeln und Gerechten eine unzertrennliche Liebe. Wenn
sie (die Engel) nämlich sehen, dass sie (die Gerechten)
Gottes Willen thun [98]), so trennen sie sich von ihnen nicht,
und wo immer sie sich aufhalten, ist Gottes Lob in ihrem
Munde.«

Dann fragte ich den Engel an meiner Seite: »Wer ist
wohl dieser Greis, Herr?« Und er sagte mir: »Das ist der
gerechte Job.« Dieser nahte sich nun mir, grüsste und
redete mich an: »Dein Ruhm und Andenken, o Paulus, sind
immerfort bei Gott und unter allen Heiligen. Ich bin Job,
der viele Versuchungen vom Satan erduldete. Dreissig Jahre
nämlich [99]) liess er mich auf dem Misthaufen hingeworfen
und mit einem stinkenden Geschwüre geschlagen. Darin
wimmelten Würmer, deren jeder drei Finger lang war.
Satan drohte mir jeden Tag und sagte: »Lästere deinen
Gott und stirb!« Und als er **) meine Söhne zu mir zu
kommen anregte, um mich zu trösten, so redete Satan durch
ihre Zungen: »Wie leidet doch Job diese Qualen und die
Peinen der Geschwüre!« Er drängte mich aber jeden Tag [100]):
»Lästere den lebendigen Gott und stirb!« Ich aber stimmte
seinem argen Willen nicht bei, sondern sprach täglich: »Der
Herr hat es gegeben und der Herr hat es genommen; der
Name des Herrn sei gepriesen!« Es frommte mir aber, in

---

*) Wie den Verdammten, deren Peinen du schauest.

**) Mir scheint hier Gott als Subject gemeint zu sein. Dem Satan
konnte der Verfasser doch nicht den Willen zuschreiben, Job trösten
zu lassen.

der Plage, die sehr drückend war, alle Tage meines Lebens zu bleiben und Gott doch nicht zu lästern. Ich liess nie ab, Gott dafür zu preisen, weil [101]) er gegen mich in dieser ganzen Bedrängniss langmüthig war. Ihm ist Alles leicht. Was ist denn wohl die Drangsal dieser Welt im Vergleiche zu den Verheissungen Gottes, die er seinen Berufenen und den Freunden seiner Liebe bereitet hat?«

Hierauf erblickt' ich einen andern Greis, der zu mir sagte: »Sei gegrüsst, Paulus!« Und ich sprach zum Engel, der bei mir war: »Wer ist dieser Greis da, o Herr?« Der Greis selbst aber sagte zu mir: »Ich bin Noe von der Arche; an jenem Tage der Sündfluth war ich hundert [102]) Jahre alt, da ich die Arche für alles Fleisch erbaute und den Menschen unablässig zuredete: »Bekehret euch von euern bösen Werken! Sehet, es kommt die Fluth und richtet euch zu Grunde.« Sie sahen mich Tag und Nacht ihretwegen weinen. [103]) Ich ass mein Brod nicht in Ruhe und schor das Haar meines Hauptes nicht, indem ich hoffte, Gott werde sich über seine Schöpfung erbarmen und sie nicht zu Grunde richten. [104])

Hernach sah ich zwei auf mich zukommen, und der Engel an meiner Seite sagte mir: »Diess sind der Prophet Elias und Elisäus.« Sie kamen und grüssten mich, dann sprach Elias zu mir, indem er sich mit mir erfreute: »Ich flehte vor Gott um der Kinder Israels willen, und es kam drei Jahre und sechs Monate kein Regen über sie herab, weil ihre Bosheit sehr überhand genommen hatte. Ich redete ihnen zu, allein sie hörten nicht auf mich. Ich erinnerte mich aber, dass der Herr Jedem gibt, der bittet, wie der Prophet David sagte: »Nahe ist der Herr Denjenigen, die ihn in Wahrheit anrufen, und er thut den Willen der ihn Fürchtenden« (Psalm 144, 18. 19). Die Engel baten oft, er möchte ihnen Regen gewähren; er gab ihnen jedoch keinen, bis ich ihn wieder anrief; dann erst gab er ihnen. Doch du, o Paulus, bist selig; denn dein Geschlecht und deine Schule sind alle Kinder des Reiches. Wisse, o Paulus, dass

wer immer durch dich gläubig wird, selig ist und die Seligkeit ihm aufbewahrt ist!« Nun schied er von mir.

Der Engel, der bei mir war, führte mich nun hinaus
und sagte mit grosser Heftigkeit [105]) zu mir: »Paulus, dir
ist das Geheimniss dieser Offenbarung gegeben. Wie du
willst, mach' es bekannt nnd offenbare es den Menschen!«

Ich Paulus aber kam wieder zu mir selbst und erkannte
und wusste Alles, was ich geschaut. Ich schrieb es in einem
Buche nieder; so lang ich jedoch am Leben war [106]), fand
ich nicht Ruhe, dieses Geheimniss zu offenbaren; allein ich
schrieb es auf und legte es in den Grund des Hauses eines
gläubigen Mannes nieder, bei dem ich in der Cilicischen
Stadt Tarsus war. Als ich hernach aus diesem zeitlichen
Leben erlöst vor den Herrn gekommen war, sprach er also
zu mir: »Paulus, habe ich dir diess Alles geoffenbart, damit
du es in den Grund des Hauses hinablegest? Nun aber sende
hin und mache die Eröffnung darüber, damit die Menschen
es lesen und auf den Weg der Wahrheit zurückkehren, auf
dass sie nicht in die schrecklichen Peinen kommen!«

Die Eröffnung (oder Entdeckung) geschah aber auf folgende Art. Als der h. Apostel Paulus in der cilicischen Stadt
Tarsus im Hause eines angesehenen gläubigen Mannes sich
aufhielt, erschien diesem Manne ein Engel des Herrn im
Traume und sagte zu ihm: »Decke den Grund dieses Hauses
auf, und nimm, was du findest! Der Mann begriff diess
nicht, weil er wähnte, es sei ein leerer Traum gewesen,
und nahm es deshalb nicht zu Herzen. Dann erschien ihm
aber der Engel das zweite Mal und drängte ihn sprechend:
»Ich sage dir, o Mann, reiss die Grundfesten dieses ganzen
Hauses auf und beschau' Alles, was du findest! Nimm es
dann und mach' es den Menschen bekannt, damit sie sich
vom bösen Wege zum Leben bekehren! Nun stand der
Mann mit grosser Heftigkeit [107]) auf, riss das Haus nieder,
grub die Grundfesten auf und fand eine Kiste aus weissem
Marmor [108]), worin die Offenbarung lag, die der h. Apostel,
der selige göttliche Paulus gesehen und niedergeschrieben;

nebstdem auch die Sandalen, welche er zur Zeit seines
Gebetes an den Füssen trug, dazu noch seinen Mantel,
worin diese Offenbarung eingewickelt war. Nachdem er aber
diess Alles gefunden, trug er es zum Richter, in der Mei-
nung, es möchte Gold darin verborgen sein; und zwar
brachte er es versiegelt zum Richter. Da der Richter be-
merkte, dass es versiegelt war [109]), brachte er es mit dem
Siegel zum Kaiser Theodosius. Dieser gläubige und gerechte
Kaiser öffnete es dann und sah, dass folgende Aufschrift
war: »Euch aber, o Sünder, sage ich: betrachtet, dass
euertwegen Gott das Wort vom Himmel herabgekommen
und vom h. Geiste Fleisch geworden und an das Kreuz ge-
hängt worden ist, und euch von der Sünde befreit hat.
Und ich*) schickte dann zu euch tugendhafte und gerechte
Männer, damit sie euch auf den Weg der Wahrheit zurück-
führen sollten. Von diesen aber steinigtet ihr einige. [110])
Die Gerechten predigten euch die Wahrheit, allein ihr
glaubtet an dieses Alles nicht. Ich gab euch ein Geheimniss
(Sacrament) zur Bekehrung des Lebens, ihr habt jedoch
euch nicht bekehrt. Jetzt aber werdet weise und sehet
diese Offenbarung, und bekehret euch von euern bösen Wegen
und von allem Abscheulichen in der Welt! Ihr sehet nun
die Peinen, welche in dieser Offenbarung verzeichnet sind.
Wer sich zum Wege der Busse nicht bekehrt, wird so gepeinigt. Bis jetzt sagtet ihr: »Wir wussten es nicht.« Jetzt
sehet ihr Alles verzeichnet.«

So hat Christus dieses Gesicht dem grossen seligen
Apostel Paulus gegeben, welcher, so lang er in der Welt
war, predigte und lehrte. Durch diese Offenbarung hat er
(Christus) ihm zu erkennen gegeben und kund gethan, dass
die Menschen durch ihn auch nach seinem Tode bekehrt
werden sollen, auf dass wir [111]) durch diese Offenbarung
belebt würden.

Bewundert, meine Geliebten, diesen wunderbaren Mann,

---

*) Nun wird Christus redend eingef.hrt.

wie sehr sein Herr ihn liebte[112]), und ihm Nichts von dem
verbarg, was da geschah, weder von den Gerechten noch
von den Gottlosen!

Diess ist das letzte Testament, welches unser Herr
durch den Vater der Völker, den grossen Paulus, den seligen
Glaubensprediger und Apostel, der ganzen Welt gesendet
hat. Wer es in seine Hände bekommt und nicht zu Herzen
nimmt, was darin geschrieben steht, und die Wahrheit nicht
erkennt, wehe dem in jeder Weise! Er wird zum Antheil
der Gerechten nicht gelangen. Wer immer aber von seinem
bösem Wege sich bekehrt und sich alle diese Peinen vor
Augen stellt, den lassen dieselben nicht mehr in eine Misse-
that fallen. Wenn er aber doch in Sünde fällt und hernach
sich bekehrt, so wird seine Busse angenommen.

Ihr aber, meine Brüder, erweckt eure Gemüther und
betrachtet, wie viele (oder auch wie grosse)*) Seligkeiten
und Wonnen jenen zu Theil werden, die Gottes Willen thun.
Seht aber auch, wie viele (oder wie grosse) Peinen den
Gottlosen bevorstehen, und verachtet das kleinste Wort nicht!
Unser Herr hat uns ja in seinem Evangelium gesagt und
befohlen: »Ueber jedes eitle Wort, das die Menschen etwa
sprechen, werden sie am Gerichtstage Rechenschaft geben«
(Matth. 12, 36). Erforschet**) demnach eure Wege, damit
auch nicht ein geringes (eitles) Wort aus eurem Munde gehe
und euch zum Anstosse werde!

Vollendet ist mit der Hilfe unsers anbetungswürdigen
Gottes die Offenbarung des sel. Paulus, des göttlichen Apostels, die er mit dem Auge des Geistes geschaut.

Ehre sei Gott, ja, Amen!

---

*) Das syrische Wort »ch'mo« hat beide Bedeutungen; mir scheint
die zweite hier vorzuziehen. Englisch: »how many«.

**) Die engl. Uebersetzung hat: »So order your ways«.

Anmerkungen.

[1]) Die ersten Zeilen bis zum Worte »Hurerei« sind in der englischen Uebersetzung nicht aufgeführt. Die Worte »ihr reizt zum Zorne (Gott) durch euch selbst« kann man auch übersetzen »gegen euch selbst«, weil die syrische Präposition b mit Zeitwörtern verbunden öfter auch die Bedeutung wider, gegen hat. Anstatt der Worte »im Anfange« haben beide griechische Codices, die Tischendorf benutzte, das Wort προσηγορία, »Anrede«.

[2]) Die Sonne hat anstatt des Titels »ihr Gebieter« im Griechischen den Zunamen ὁ μέγας φωστήρ. Das Wörtlein »dort« fehlt im griechischen Texte, ebenso die Worte »des Vaters«. Dieses Wort mag im Syrischen wohl mit Bezug auf die Stelle Matth. 5, 45 hineingekommen sein: »Der Vater lässt seine Sonne aufgehen u. s. w.« Zu dem Ausdrucke »tritt klagend vor Gott« kann man den im Syrischen wörtlich gleich lautenden Ausdruck im Römerbriefe 11, 2 vergleichen.

[3]) Die Worte »die deinen heiligen Namen anrufen« sind in der englischen Uebersetzung ausgelassen.

[4]) »damit . . . . . gelangen.« Die englische Uebersetzung lautet: »that they may not bring forth.«

[5]) »züchtige«. Englisch »I judge, ich richte, verurtheile«, minder passend, wie mir scheint. Das syrische hier stehende Verbum = castigavit, correxit.

[6]) »gehorcht«; die engl. Uebersetzung »hat Eifer (zeal) für ihn.«

[7]) Das Wort »Sünder« fehlt im englischen Texte; dafür ist aber der Zusatz »every day«.

[8]) Diese Stelle kommt im Texte des englischen Uebersetzers erst nach einer langen Stelle, die in meinem Texte fehlt, eine Anrede enthaltend an die Sünder zur Busse, zum Beten, zu guten Werken, mit der Lehre, wie die Schutzengel den Menschen beobachten und sein Thun Gott vortragen u. s. w. Die bei mir fehlende Stelle findet sich bei Tischendorf von S. 37 Z. 12 v. u. an bis S. 39 Z. 4 v. u.; dann folgt: »Und siehe, Gottes Stimme kam u. s. w.«, nachdem erzählt ist, dass die Engel Gott gefragt, ob sie ferner den Menschen trotz ihrer Sünden dienen sollten. Der Zusammenhang ist so freilich besser mit der folgenden Antwort Gottes.

[9]) Hyacinth, englisch pearls.

[10]) »an ihnen.« Es ist zweifelhaft, ob »ihnen« sich auf die Kronen oder Engel bezieht. Engl. Uebers. »and the seal of God was upon them.« Aus dem griechischen Texte bei T. aber S. 41 Z. 2 geht klar hervor, dass die Kronen gemeint sind. Sie hatten in ihren Händen βραβεῖα, ἐν οἷς ἦν τὸ ὄνομα κυρίου u. s. w. Das Folgende beweist auch, dass die Kronen das Siegel trugen.

¹¹) Anstatt »wir sind mit den Gerechten« steht in der engl. Ueber-
setzung die dritte Person »as for the righteous . . . these angels come
unto them« . . .

¹²) Nach »zeigen« hat die engl. Uebersetzung den Zusatz: »wie ich
gesagt habe.«

¹³) »und die Welt ist so gross«, syrisch ܣܘܓܐܐ ܕܥܠܡܐ Dafür hat die
engl. Uebersetzung mit der Frage verbunden »and the abundance of the
world?« Man kann allerdings auch ܥܠܡܐ als Epitheton betrachten »co-
piosus mundus«. Der griechische Text hat kurz: »τοῦτό ἐστιν τὸ
μέγεϑος τῶν ἀνϑρώπων.

¹⁴) Das Wort »Feuer« fehlt im Englischen. Im Griechischen ist
auch »Feuerwolke«.

¹⁵) Der Text der englischen Uebersetzung ist etwas anders geordnet.
Anstatt »es trat der Engel der Barmherzigkeit« lesen wir dort: »Und es
nahten ihm böse Geister — wenn ein Rechtschaffener stirbt, finden sie
keinen Platz bei ihm — und die guten Engel herrschten über diesen
Gerechten.«

¹⁶) Englisch »grown up with them«, mit ihnen aufgewachsen. Das
syrische Verbum ⸗ conversatus est.

¹⁷) »gesehen«, nämlich wie es den Gerechten im Tode geht. Die
englische Uebersetzung etwas erweitert: »in that, behold, thou seest a
place thou hast never seen. And while I was beholding these things« etc.

¹⁸) Englisch: »that we may narrate a little.«

¹⁹) Wörtlich: des Verleumders, Teufels. Die engl. Uebersetzung:
»the spirit of the tempter.«

²⁰) Im Leben nämlich, Schutzengel. Engl. Uebersetzung: which
conducted it in life.

²¹) Die englische Uebersetzung hat den Zusatz: »praising God.«

²²) Anstatt »euch« steht in der englischen Uebersetung thee, dich.
Aus dieser Antwort kann man eben schliessen, dass die Seele sich gegen
ihren Schutzengel still oder sanftmüthig betrug, wie ich oben übersetzte; sie machte ihm keinen Verdruss.

²³) Auch der englische Uebersetzer nimmt das Wort als erzählend
und nicht im Imperativ.

²⁴) Die englische Uebersetzung hat die dritte Person: »an dem sie
zurückkehrt . . . und erfreue.« Mein syrischer Text hat, wie ich übersetzte, die zweite Person bei den Verben zurückkehren und sich erfreuen·

²⁵) Im englischen Texte: »This was the voice of the myriads etc.«

²⁶) Hier hat die englische Uebersetzung den Zusatz: »And I saw
that bitter hour.«

²⁷) Der englische Uebersetzer nahm die Stelle in dem Sinne, dass
die Stunde dem Sterbenden verbittert worden sei »from the judgment«,
d. i. von dem kommenden Gericht. Der griechische Text hat die Stelle nicht.

²⁸) Die englische Uebersetzung fügt bei: »als die guten Engel sahen, »dass die Seele gar kein gutes Werk habe u. s. w.«

²⁹) Das syrische Adjectiv מרירא, das hier offenbar = unglücklich, gibt die englische Uebersetzung mit »that daring one«.

³⁰) Die englische Uebersetzung nimmt das hier stehende vieldeutige Particip מרפא in dem Sinne »who casts not aside«. Der Sinn ist wohl dass Gott Niemanden unbeachtet lässt. Ein wenig später kommt es in dem Sinne »lassen« überhaupt vor.

³¹) Engl. Uebersetzung: »Wenn die Engel anbetend vor ihm niederfallen . . .«

³²) Im Englischen etwas erweitert: »Du kennst diese Seele; ich bin ihr Engel, der für sie den Dienst versah. Ich habe ihrerseits viel ausgestanden u. s. w.«

³³) Die engl. Uebersetzung hat den Zusatz: »Deswegen ward dir am Tage, da du abgeführt wurdest, keine Barmherzigkeit zu Theil.«

³⁴) Der engl Uebersetzer las das Syrische unrichtig und übersetzt unpassend, wie mir scheint: »the just judge.« Der Richter erging nicht, wohl aber das Urtheil.

³⁵) Im Englischen wird die Seele angeredet: »Hast du« u. s. w.

³⁶) Die engl. Uebers. setzt bei »drei Monate« oder drei Tage vorher.

³⁷) So nach der engl. Uebers., deren Verfasser die Lesart חיתא vor sich ·hatte. In meiner Abschrift ist חיטא, was hie und da mit dem obigen Worte verwechselt worden ist, und sonst die Bedeutung »Naht, Genähte« hat, das den Sinn haben könnte: »sie wirkte an der andern Seele ein Genähte oder Gewebe der Bosheit.« »Fehlgeburt« ist nach dem Contexte jedenfalls vorzuziehen.

³⁸) Anstatt der Frage ist im Englischen »Thou knowest« etc.

³⁹) Den Sinn dieses etwas verworrenen Satzes gibt der engl. Uebersetzer so: »Du wusstest, o elende Seele, dass ich Jeden, der einem Andern Unrecht zufügt, wenn er zuerst stirbt, aufbehalte, bis sein Mörder und Feind kommt.« Der Ausdruck Mörder ist nach meinem syrischen Texte dadurch zu erklären, dass der Unrecht Thuende vom Andern getödtet wird. Unter dem »er« in dem Satze »wenn er sich erhebt« u. s. w. ist demnach der beeinträchtigte Nächste zu verstehen, und der früher Sterbende ist der ungerechte Angreifer, gegen den der Andere sich erhebt. So geht es klar aus dem griechischen Texte S. 48 bei Tischendorf hervor.

⁴⁰) Vom syrischen Worte, das ich mit »Zuversicht« übersetzte, ist im Codex nur der Anfangsbuchstabe פ lesbar, und ich vermuthete das Wort פארריסיא παρρησία. Die engl. Uebers. hat purity, der griechische Text ἁπλότητα.

⁴¹) Hier fehlt in meinem Texte die im Griechischen und in der engl. Uebers. stehende Frage: »Werden ihre Namen eingeschrieben, während sie noch auf Erden sind?«

⁴²) Der Satz »ja ihr Ganzes ... verzeichnet« fehlt im Griechischen und Englischen.

⁴³) Englisch etwas erweitert »for flesh and blood understandes the life which is after the resurrection; but after the resurrection they shall know«; diese Stelle folgt in meinem Texte gleich nachher. Anstatt »ich vernahm Worte ...« hat die engl. Uebers.: »Ich sah Dinge u. s. w.« Was nun in meinem Texte bis zur Stelle von dem Strome Wassers mit den Bäumen folgt, fehlt in der englischen Uebersetzung und im griech. Texte, eine bedeutende Lücke!

⁴⁴) Ich vermuthe, dass anstatt בצמשא zu lesen ist מן רבצשא, d. i. »siebenmal heller als durch die Sonne.« Die Sonne war ja an dem Orte nicht, wohin der Apostel verzückt wurde.

⁴⁵) Wörtlich »nach Aehnlichkeit eines Hausdaches«, was auch heissen kann »wie mit einem Dache«, so dass kein Licht von oben hineinfällt.

⁴⁶) »Beginn«, syrisch רשא. Der englische Uebersetzer fasste diess Wort hier in dem Sinne Hauptsache, das Vortrefflichste, »the most desirable«. Die Stelle »indem sie Glückseligkeit geniessen« fehlt im Texte der englischen Uebersetzung.

⁴⁷) Anstatt »haben ... gesorgt« hat der Text der engl. Uebers. »und sie dachten über jedes geringe Wort nach, das sie ausgesprochen.«

⁴⁸) Nach der engl. Uebers.: »die in der Welt vermählt waren und ihre Gemeinschaft (ihren Ehbund) hielten u. s. w.« Anstatt »Reinheit bewahrten« hat der engl. Text: »their bed was pure«. Für die Richtigkeit dieses Sinnes zeugt die über die Jungfrauen folgende Stelle.

⁴⁹) אכסרקין. Der engl. Uebersetzer nahm diess Wort, wenn er anders das nämliche in seinem syrischen Texte hatte, in dem diesem Worte ungewöhnlichen Sinne: »Die von der Welt verfolgt wurden,«

⁵⁰) Statt אכמבצא, wie ich geschrieben, ist אמי zu lesen. Die engl. Uebersetzung lautet: »This is the sea of the Eucharista«, wozu Tischendorf bemerkt: »Id quod ex miro interpretis errore fluxit.«

⁵¹) So z. B. kommen jene nicht hinein. Wörtlich »und diess ist der Weg, welcher jene führt u. s. w.« Man könnte auch denken, dass der Engel dem Apostel irgend einen andern Weg zeigte, den die Ehbrecher u. s. w. geführt werden. Sonderbar heisst der See im griech. Text S. 51 ἡ ἀχέρουσα λίμνη.

⁵²) Im Englischen ist der Zusatz: »diese werden in sie nicht hineinkommen.«

⁵³) In der engl. Uebersetzung: »sieben Mauern«. Im griech. Texte ist keine Zahl angegeben.

⁵⁴) Im Engl. »a footlong«. Der syr. Text hat wahrscheinlich אכסדרין stadium, während in meiner syr. Abschrift אכמבא stoa ist.

⁵⁵) Oder auch »eine Scheidewand machen«; engl. »separate between the sons of men.«

⁵⁶) Nach »hinschaute« hat der engl. Text den Zusatz »war ich verwundert und erstaunt über die Herrlichkeit dieses Landes«.

⁵⁷) Die engl. Uebers. hat »innerhalb der Thore«; der griech. Text aber hat »vor den Pforten«, wie mein syr. Text, und zwar mit Recht, wie der Zusammenhang zeigt.

⁵⁸) Englisch: »were occupied in prayer«.

⁵⁹) מטוניא, i. e. μετάνοια. Die engl. Uebers. hat »homage«.

⁶⁰) Englisch: »they supposed their business was going on well; they had no heard, that God etc.«, wie Jac. 4, 6.

⁶¹) Die Frage: »Wer sind diese da?» fehlt in der engl. Uebers.

⁶²) Nach dem Engl.: »sie sind alle im nämlichen Genusse«, theilen die gleiche Wonne. Mein syr. Text hat wörtlich: »Sie sind geschäftig«.

⁶³) Von dem Strome hat die engl. Uebers. nichts; der griech. Text spricht aber von einem Milchstrome (S. 54 bei Tischendorf).

⁶⁴) Engl.: »These did not know books nor any other thing u. s. w.«

⁶⁵) Nach dem Engl.: »denn es ist der Leib Christi.«

⁶⁶) Die engl. Uebers. verbindet: »Whatever thou desirest to know, know!«

⁶⁷) Im Englischen etwas anders geordnet: »Praise God, who was the first of all unto him do the angels without ceasing raise Hallelujah« etc. etc.

⁶⁸) Syrisch דמקרין Der engl. Uebersetzer hat den Sinn: »die nahe bei ihm sind«! Scheint mir sehr missverstanden. Es ist von der Liturgie die Rede.

⁶⁹) Wörtlich: »was werden (oder auch sollen נאמרין) sie sagen?« Vielleicht sind unter sie Engel zu verstehen.

⁷⁰) Das hier stehende syrische Wort hat auch die liturgische Bedeutung Responsorium in einem Officium. Die engl. Uebers. hat daher »if he despises one response . . .«

⁷¹) Engl. etwas verschieden: »this is the land of promise; it is all the delight . . .«

⁷²) Griech. bei Tischendorf S. 57: ἡ ἀρχὴ τοῦ οὐρανοῦ. Der engl. Uebers. hat »the end of heaven.«

⁷³) Die Stelle »Es ist der Gürtel . . .« bis »Mitte« findet sich in der engl. Uebers. nicht; ebenso wenig im griech. Texte.

⁷⁴) In meiner syr. Abschrift ist eine Lücke, die der engl. Text so ausfüllt: »und einige bis zum Haupte«. Im Griechischen lesen wir: »einige bis zu den Knieen, andere bis zum Nabel, viele aber bis zum Scheitel«.

⁷⁵) Der Widerspruch, dass diese Sünder Unzucht und grosse Sünden verübt und doch, wie oben gesagt wird, den Sündern sich nicht gleich gemacht, findet sich auch im Texte der engl. Uebersetzung. Man muss also unter den andern Sündern sich noch schlimmere Verbrecher denken,

[76]) Im Englischen anders: »speak idle words, and desire that men should listen unto them u. s. w.

[77]) Der engl. Text einigermassen verschieden; nach dem Psalmengesange: »and incited each other, but by tricks and by dissembled love they deceived their companions.«

[78]) Die engl. Uebersetzung hat nur dreissig Ellen.

[79]) Das »nicht« fehlt im Englischen. Der Gegensatz fordert es; der griech. Text hat es richtig.

[80]) Die engl. Uebersetzung nennt nur zehn Geschlechter.

[81]) Nach dem Englischen: »er wallt heftiger als ein K. auf«.

[82]) Der Ausdruck der engl. Uebersetzung: »and he walks as he pleases« kommt mir zweideutig vor, weil »he« auf Gott bezogen werden kann, während der Mensch darunter zu verstehen ist.

[83]) Wenn die Lesart meiner syrischen Abschrift ܐܬܬ̈ܝܪ richtig ist, kann das Wort hier nur die Bedeutung »beordert, bestimmt werden« haben. Die engl. Uebers. hat: »es kam ein Diener«. Nach dem Griech. heisst es: »es kam der Engel Temeluchos«. Wo ich »Stab« habe, steht im Engl. »eine Gabel«.

[84]) Der engl. Uebersetzer gibt den Sinn »womit ich ihn erhoben«. Er verwechselt die 3. Person weibl. Geschl. mit der ersten, unpassend wie mir scheint, weil der Engel wohl nicht sagen konnte, er habe den Mann zum Bischof erhoben. Der griech. Text hat auch »er wandelte nicht nach der Güte Gottes«. Wenn der syr. Text nicht vocalisirt ist, kann man diese zwei Personen leicht verwechseln.

[85]) Der engl. Uebersetzer nimmt diese Worte als Frage: »Dost thou see?« . . .

[86]) Englisch: »bis zu ihrer Hand«. Vielleicht ist »hand« ein Druckfehler anstatt »head«.

[87]) So auch nach der engl. Uebersetzung. Vielleicht hat die Stelle den Sinn: »sie liebten es Andere zu peinigen«, weil hernach ihre Unbarmherzigkeit gerügt wird.

[88]) Engl. als Frage: »Art thou crazy?« Ich denke an Apostelgesch. 26, v. 24, wo die Worte auch als Ausruf, nicht als Frage stehen.

[89]) Das Wort »Martirer« fehlt im Englischen.

[90]) Nach dem Engl.: »schrieen mit mir«.

[91]) Engl.: »with an escort on the clouds . . .«

[92]) Die engl. Uebers.: »The angels desired at once u. s. w.«

[93]) Im Engl. umgekehrt: »Bist du Paulus, der Saul hiess?«

[94]) Engl.: »the first one . . .«

[95]) Syrisch: ܘܟܠܠܝ. In der engl. Uebers. fehlt dieses Wort. Ich vermuthe, dass ܟܠܢ, »nos omnes«, zu lesen ist.

[96]) Die engl. Uebers. hat den Zusatz: »Wir alle, mein Sohn, starben auf diese Weise und keiner u. s. w.« Diess bestätigt die Vermuthung, dass ܟܠܢ die rechte Lesart zur vorigen Anmerkung ist.

⁹⁷) Nach dem Engl.: »welches durch dich bekehrt wird . . .«

⁹⁸) Nach dem Engl.: »Vom Tage an, wo sie Gottes Willen thun, trennen sie sich nicht von ihnen u. s. f.«

⁹⁹) Die engl. Uebersetzung drückt den Sinn aus, Satan habe ihn 30 Jahre gelassen, bis er ihn schlug. Mein syr. Text sagt klar, Job sei 30 Jahre lang leidend gewesen.

¹⁰⁰) Nach dem Engl.: »er drängte sie, zu mir zu sagen . . .«

¹⁰¹) Nach dem Engl. anstatt »weil er« die Lesart »und er war u. s. w.«

¹⁰²) In der engl. Uebers. die Zahl 600, wie Gen. 7, 6. Die nothwendige Zahl fehlt in meinem Manuscripte.

¹⁰³) Die engl. Uebers. hat: »sie sahen mich beten«.

¹⁰⁴) Im Engl. der Zusatz: »Allein sie bekehrten sich nicht und achteten nicht darauf«.

¹⁰⁵) Die Worte »mit grosser Heftigkeit« fehlen im engl. Texte.

¹⁰⁶) Die engl. Uebers. versetzt: »während des Lebens hatte ich nicht Ruhe, das Geheimniss bekannt zu machen, schrieb es aber nieder u. s. w.«

¹⁰⁷) Engl. einfach: »arose in wrath«.

¹⁰⁸) Engl. »Glas« anstatt »Marmor«. Der griech. Text hat »Marmor«.

¹⁰⁹) Die engl. Uebers. hat die Bemerkung vom Richter nicht, und fährt nach der Erwähnung des Goldes fort: »und er brachte es zu Theodosius« u. s. w., als wenn der Mann, nicht der Richter diess gethan hätte.

¹¹⁰) Im Engl. der Zusatz: »von diesen aber habet ihr einige getödtet« u. s. w.

¹¹¹) Nach dem Engl.: »damit sie belehrt würden . . .«

¹¹²) Der engl. Uebers.: »wie sehr er seinen Herrn liebte u. s. w.« Offenbar unrichtig, wie der Zusammenhang zeigt.